América Latina: um povo em marcha

América Latina: um povo em marcha

Ángel Rama

organização e apresentação
Facundo Gómez

BIBLIOTECA BÁSICA
LATINO-AMERICANA

A partir de seus anos de exílio, Darcy Ribeiro tomou para si — e nunca mais largou — a tarefa de pensar a América Latina e a inserção do Brasil nesse continente essencial. Sua ação sempre se deu como intelectual, como político e como cidadão do mundo. No início da década de 1960, já tentara implantar a Biblioteca Básica Brasileira — BBB, que reunia obras fundamentais para a reflexão da formação do Brasil e, ao final dos anos 1980, montou a Biblioteca Latino-Americana no Memorial da América Latina, na cidade de São Paulo.

Darcy Ribeiro sempre fez de suas buscas um modo de agrupar e disseminar saberes e conhecimentos. A Fundação Darcy Ribeiro, em continuidade a esse sonho, decidiu por empreender a Biblioteca Básica Latino-Americana — BBLA, iniciando a publicação de seus primeiros livros neste ano que antecede as comemorações do centenário de nascimento de Darcy Ribeiro, em 2022.

A proposta da coleção é realizar o mapeamento, a apresentação, a reflexão e o estímulo à criação sobre a cultura e o pensamento latino-americano, através da publicação de livros de ensaios de importantes pensadores e artistas do continente. O objetivo consiste em alcançar um público amplo, por meio de livros com conteúdo de qualidade, em edições atrativas e bem-cuidadas, que terão versão em português, espanhol e inglês e publicação em diversos países.

Para uma tarefa de tal magnitude, complexidade e responsabilidade, convidamos renomados intelectuais latino-americanos, alguns deles amigos pessoais de Darcy Ribeiro, para compor o Conselho Curador da Coleção, que estabeleceram critérios básicos a serem seguidos pela BBLA:

— Buscar a síntese entre o foco e a difusão da cultura Latino-Americana, o presente e o crescente;

— Identificar as semelhanças na multiplicidade de povos, formações e expressões e tentar construir um corpo comum a partir da proveniência dos nomes, conceitos e saberes latino-americanos;

— Estabelecer diálogo com as diversidades culturais dos povos transplantados, povos novos, povos testemunho, fluxos migratórios, populações compostas, minorias, alteridades radicais e periféricas no embate do processo civilizatório

— Apresentar por meio de ensaios, contos, poesia, entrevistas, temas relacionados à antropologia, sociologia, filosofia, literatura, teatro, conteúdos que expressem a maior quantidade de interseções culturais.

Sabemos da complexidade e diversidade dos temas a serem abordados, assim como dos obstáculos a serem superados para se constituir um corpo de saberes e prazeres, consistente e relevante para o público leitor. Esse é o nosso maior desafio!

Esta coleção é uma obra coletiva, fruto do trabalho de uma equipe editorial comprometida com o propósito de semear e disseminar saberes produzidos nesse imenso continente latino-americano. É também uma obra viva, em movimento, que vai integrando autores e protagonistas à medida que incorpora novas abordagens, temas e questões cada vez mais contemporâneas e candentes.

Agradecemos aos conselheiros curadores que generosamente aceitaram o desafio de pensar e orientar esta coleção, aos autores por acreditarem no projeto, à equipe editorial que, como diria Darcy, trabalha com muita determinação para plantar no chão do mundo essas sementes, e às editoras, pela colaboração em empreender este projeto. A todos, e a você leitor, muito obrigado por apoiar a Fundação Darcy Ribeiro.

Trazer a público esta coleção é atualizar os debates em torno da América Latina e refletir sobre esse encantamento necessário, ainda por consolidar, de integração da América Ibérica ao sonho de criação do bloco latino-americano. Esta é, sem dúvida, a função mais essencial desta Biblioteca Básica Latino-Americana.

José Ronaldo A. Cunha
Fundação Darcy Ribeiro
Presidente

BBLA, A UTOPIA É AQUI

SUMÁRIO

APRESENTAÇÃO
POR FACUNDO GÓMEZ

> *Cada vez que alguém desacredita nossa América – seja por desdém por seus modos próprios e originais quando comparados com outros estrangeiros aos quais se olha, se admira, se reverencia com olhos coloniais; seja por desespero de não atingir logo uma cultura poderosa e soberana que não deve nada a ninguém e, no extravio de seu orgulho, alimenta-se apenas de si mesma –, cada vez que alguém cai em uma dessas atitudes, que são como que os lados opostos da mesma moeda falsa, percebo uma América Latina incessante, subterrânea e nutritiva que sustenta a todos.*
>
> Ángel Rama, *Incessante América Latina.*

As palavras do escritor, crítico e intelectual uruguaio que abrem este volume datam de 1972. Na época, Ángel Rama gravou sua voz em uma coleção de discos da Universidade Autônoma do México. Seu discurso reivindica ali a originalidade de uma América Latina "que não cessa" diante de um panorama difícil para a esquerda cultural do continente, que começa a desacreditar das promessas de revolução e desenvolvimento da década passada (Rama, 1972, p. 23). Apesar das decepções e perdas, sua confiança em nossa cultura perdura e consolida um anseio de integração que caracteriza toda a sua biografia intelectual.

Nos anos posteriores a 1959, a imagem da América Latina tornou-se para Ángel Rama mais do que um objeto de estudo. A partir daí, a ideia tornou-se exploração, questionamento, militância, comunidade, conflito, agenda, identidade. Utopia. A enumeração não implica evolução linear, mas sim uma sobreposição heterodoxa que foi a cifra de sua trajetória: a América Latina como um anseio incessante, como uma tarefa indeclinável. Porque, deve ser entendido, o uruguaio era um intelectual completo; um sujeito dedicado às múltiplas facetas da atividade cultural que soube unir suas diversas práticas em torno de um mesmo objetivo, tão esquivo quanto decisivo: colaborar com a unidade e a emancipação da cultura latino-americana através do conhecimento do nosso passado comum e da postulação de um futuro soberano para todos.

Ángel Rama é uma figura chave na crítica literária latino-americana e um nome importante na história intelectual do subcontinente na segunda metade do século XX. Bibliografia obrigatória no estudo da literatura regional, associado a publicações emblemáticas dos anos 1960, como Marcha e Casa de las Américas, envolvido no surgimento do "boom" literário, chefe da editora Arca e diretor literário da Biblioteca Ayacucho, Rama foi descrito por seu colega Noé Jitrik como "um dos sujeitos mais renascentistas que já conheci" (1985, p. 106), a fim de se referir ao amplo leque de atividades que realizou ao mesmo tempo com fecundidade e paixão. Crítico literário em primeiro lugar, mas também professor, tradutor, conferencista, ator e dramaturgo, editor, jornalista, gestor cultural, ensaísta, ativista, o uruguaio combina sua dedicação à literatura com uma notável capacidade para empreender projetos intelectuais e construir redes de especialistas para levá-los adiante.

Em tempos de pandemias globais, crises migratórias e ambientais, pensamento fraco, multilateralismo e revolução digital, algumas contribuições do pensamento e da práxis de Rama podem ser associadas sem mais delongas a um discurso moderno, enferrujado e pretérito. As mudanças na forma de pensar a América Latina, a literatura, a identidade, a nacionalidade e a modernidade introduzem questões óbvias na revisão do seu legado. No entanto, nos últimos anos, tem havido uma acumulação de pesquisas sobre o seu trabalho que tem conseguido repensar as suas ideias e empreendimentos a partir de diferentes perspectivas contemporâneas. Ao mesmo tempo, a descoberta e o acesso a coleções bibliográficas pouco exploradas permitiu a pesquisa de arquivos, alguns dos quais levaram à publicação de reveladoras correspondências pessoais (Rama, 2016, 2017), compilações de artigos dispersos em revistas e periódicos acadêmicos (2015, 2018) e mesmo a reimpressão crítica de alguns dos seus textos clássicos, como o recente aparecimento de Las máscaras democráticas del modernismo, editado sob os cuidados de Hugo Herrera Pardo (2021). Claramente, o seu trabalho continua a levantar questões e discussões com base na força que irradia de uma rara articulação entre o sonho utópico e a sua concretização problemática.

Portanto, diante das perspectivas catastrofistas que, cínica ou nostalgicamente, fazem desacreditar hoje nas mudanças, no comum e no coletivo – uma postura recorrente na região, como o crítico evidenciou entre seus colegas por volta de 1972 –, recuperar o trabalho de Rama hoje nos leva a desmantelar as imposições, os fatalismos e as claudicações da cena contemporânea, mais propensa a desconstruções e impugnações totais do que à arriscada aventura de construir alternativas ou forjar novos espaços.

Da mesma forma, revisitar seus ensaios motiva uma revisão crítica de suas ideias, de suas hipóteses e seus projetos, a fim de identificar operações de relevo na cultura latino-americana, mas também problemas e dilemas de sua visão moderna, literária e anti-imperialista da região, atravessada por certos discursos e certezas do tempo que já não são mais – não podem ser – os nossos. Finalmente, a leitura de seus textos funciona sempre como um convite para discutir – novamente, incessantemente – como nós, na América Latina, podemos construir iniciativas, estudos e imaginários que colaborem com sociedades mais justas, culturas mais respeitosas e diálogos mais estreitos entre as comunidades.

A seleção dos textos apresentados neste volume, lidos e analisados no decorrer da minha pesquisa de doutorado , pretende ser uma contribuição tanto para os estudos atuais da América Latina como para a revisão contemporânea da obra de Rama. Na sua maioria, são trabalhos inéditos ou de difícil acesso que ilustram a forma como o crítico assumiu a agenda latino-americana como a orientação geral da sua práxis. Essas palestras, esses prefácios e esses ensaios iluminam as mudanças, reformulações e tensões que surgem em seu discurso em torno da ideia de América Latina, de integração regional, de literatura, de crítica literária e do papel dos intelectuais na sociedade. Tais deslocamentos estão fortemente condicionados pelas numerosas experiências históricas, pelas vicissitudes biográficas e pelos fenômenos culturais que Ángel Rama sofreu durante as décadas aceleradas e violentas que se seguiram ao triunfo da Revolução Cubana no nosso subcontinente. Ao longo desta jornada, sua dedicação à cultura latino-americana se consolida e se multiplica nas numerosas intervenções, iniciativas e reflexões que esta compilação busca recuperar, examinar e socializar.

ÁNGEL RAMA, UM INTELECTUAL SITUADO

Como aponta Liliana Weinberg, a projeção continental de Ángel Rama nos permite pensar nele como um paradigma do intelectual latino-americano de esquerda dos anos 1960 e 1970 (2005, p. 390). Junto com colegas e amigos como Darcy Ribeiro e Roberto Fernández Retamar, suas vidas, seus textos e suas intervenções ilustram grande parte dos desafios políticos e das experiências históricas daquele grupo de intelectuais, que tiveram que trabalhar entre a esperança revolucionária que Cuba irradiava em todo o subcontinente e as amargas experiências políticas dos contextos nacionais, pródigos em censura, perseguição e exílio.

A particularidade da figura de Rama está dada pela sua plena dedicação à literatura latino-americana. Gonzalo Aguilar tem razão em chamá-lo de "intelectual da literatura" (2013, p. 686), porque, ao longo dos anos, o uruguaio desenvolveu, de fato, tanto um perfil público quanto uma imagem da América Latina baseada em sua leitura, análise e difusão da criação literária regional. A sua atenta exploração dos textos mais relevantes da narrativa contemporânea, e depois o seu foco em fenômenos que ultrapassam as fronteiras nacionais – modernismo, literatura gauchesca, indigenismo –, permitem-lhe pensar a nossa cultura e nossa sociedade a partir dos sentidos simbólicos que emergem do jogo entre as obras e os seus contextos de produção e recepção. Suas palavras operam ao mesmo tempo diante de uma variedade de públicos: consumidores de jornais, militantes políticos, estudantes universitários, leitores eruditos e também aqueles interessados em mera novidade cultural.

Outro elemento que destaca seu legado é o colossal trabalho que realizou para conectar seus pares, que reuniu em reuniões de trabalho, projetos editoriais, diálogos epistolares e eventos acadêmicos. Sua capacidade de construir diálogos e pontes entre os homens de letras da região foi tão eficaz quanto tenaz, ao ponto de Claudia Gilman ter vindo a designá-lo como "o grande tecelão da rede latino-americana de intelectuais" da época (2011, p. 82). E, sem dúvida, um aspecto de sua biografia que transcende seu trabalho como crítico e gestor cultural é sua concepção da América Latina como um projeto – social, cultural, intelectual – em construção, que exige um estudo erudito, mas também uma convicção integradora. Diante de tal fórmula, sua práxis manteve uma coerência tão particular que Ana Pizarro o incluiu em uma "linhagem de rigorosos sonhadores" (1985, p. 10), também formada por figuras como Alfonso Reyes e Pedro Henríquez Ureña, para colocá-lo em uma tradição americanista que se destaca por seus notáveis esforços e realizações culturais.

Como se pode ler na indispensável Cronologia e Bibliografia de Ángel Rama de Álvaro Barros-Lemez e Carina Blixen (1986), o crítico nasceu em Montevidéu em 1926, em um lar de imigrantes espanhóis. Fez parte da "Geração de 45", o grupo de intelectuais uruguaios que, em meados do século, se propôs a desprovincializar a cultura nacional e importar urgentemente os valores estéticos da modernidade ocidental. Junto com colegas como Emir Rodríguez Monegal, Mario Benedetti, Idea Vilariño e Ida Vitale, Ángel Rama participou plenamente das atividades, das polêmicas e dos projetos realizados por seus colegas e tornou-se uma das figuras de destaque da geração devido à sua capacidade de trabalho e à diversidade de suas intervenções, que incluíram tradução, edição, redação literária, ensino e crítica. "Suspeita-se que ele nunca dorme", lê uma nota biográfica da época, que continua a ser o seu epíteto. Seus estudos literários filológicos, seu interesse pelo significado da literatura no mundo, sua prática de atuação e leituras existencialistas constituem uma etapa inicial de sua práxis, na qual ele se dedica à literatura francesa e espanhola e se junta ao staff de revistas juvenis e literárias, como Clinamen e Cuadernos de la Licorne (Gómez, 2017).

Se prestarmos atenção às formas como Rama construiu sua práxis latino-americana, é possível detectar pelo menos quatro etapas, marcadas por deslocamentos geográficos, por conjunturas históricas e pelos diferentes tipos de atividade intelectual e de gestão cultural conduzidos por ele. Através desses períodos, podemos pensar e contextualizar suas posições sobre a literatura, a cultura e a sociedade latino-americana.

Um capítulo chave em sua biografia intelectual começou em 1959: poucos meses após o triunfo da Revolução Cubana, em março de 1959, Rama assumiu a redação das páginas literárias de *Marcha*, o semanário esquerdista de Montevidéu, o mais importante fórum intelectual do país. A partir daí, o crítico percebeu a mudança de época e deu uma direção sem precedentes ao seu projeto intelectual, que começou a se concentrar na América Latina como espaço de criação literária, transformação cultural e militância política. É assim que começa a etapa inicial da agenda latino-americanista de Rama, que durou até 1965 e se desenvolveu principalmente em Montevidéu. Através de Marcha, o crítico construiu um discurso sobre a literatura latino-americana que enfatizou o romance como gênero e contribuiu substancialmente para a circulação e o estudo dos diferentes autores do subcontinente, ao mesmo tempo em que interveio nas discussões políticas e culturais marcadas pela Revolução Cubana – cujas realizações e planos propagandeou em aliança com a Casa de las Américas –, pela modernização cultural do segundo pós-guerra e pelo fenômeno editorial do "boom" literário. Ao mesmo tempo, Rama trabalhou como professor do ensino secundário, participou de iniciativas institucionais e fundou e dirigiu a Editorial Arca, a marca que usou para divulgar autores clássicos e jovens escritores nacionais e latino-americanos.

Uma segunda etapa de sua trajetória como latino-americanista teve lugar entre 1966 e 1972. Durante estes anos, a sua participação no semanário foi reduzida ao ponto de abandonar a redação e colaborar com artigos esporádicos, enquanto outras atividades culturais exigiam a sua atenção. Trata-se de um período crucial em sua práxis, embora a bibliografia especializada não tenha prestado muita atenção a ele. Várias mudanças, vários deslocamentos e inflexões ocorrem em seu pensamento e em seus trabalhos. Ele mudou então seu modo de compreender a cultura latino-americana, de se aproximar dos objetos de estudo e de assumir suas posições políticas. Neste último sentido, suas convicções sobre a autonomia do intelectual o obrigaram a se distanciar da política cultural cubana após a eclosão do caso Padilla. Foi também entre 1966 e 1972 que Rama desenvolveu e publicou seus primeiros ensaios sobre algumas de suas preocupações literárias centrais: o modernismo, a poesia gaúcha e a história literária latino-americana. Ele também se envolveu em dois projetos editoriais paralelos em Montevidéu: a publicação oficial do Departamento de Literatura Latino-americana da Universidade da República e a *Enciclopédia Uruguaya*, uma coleção de grande circulação. Ao mesmo tempo, suas viagens pela América Latina se intensificaram, incluindo palestras, cursos e seminários em países do subcontinente, além dos destinos mais frequentados até então – o Cone Sul e Havana. Além de suas estadias na Colômbia e no México, também trabalhou como professor universitário em Porto Rico e, finalmente, chegou à Venezuela em 1972, ano fundamental para acompanhar o desenvolvimento de seu discurso crítico, já que foi então que participou de um debate inesquecível com Mario Vargas Llosa sobre o romance e denunciou surpreendentemente o caráter alienante do "boom" literário, acendendo uma briga intelectual de grande impacto, que elevou a projeção de sua figura para além do continente.

Uma terceira etapa de sua biografia pode ser reconstruída a partir de 1973, quando o golpe de Estado uruguaio o impediu de retornar ao seu país natal, forçando-o ao exílio. A primeira paragem na sua viagem foi a cidade de Caracas, onde trabalhou como professor universitário e escreveu um número considerável de artigos nos meios de comunicação de massas e nas revistas acadêmicas. Sua perspectiva crítica da cultura venezuelana e sua atitude combativa o levou a participar de inúmeros debates, que terminaram em uma infeliz discussão com o sociólogo Oswaldo Barreto, com consequências dolorosas para o uruguaio. Foi no exílio venezuelano, no entanto, que Rama fundou e dirigiu a Biblioteca Ayacucho, uma das mais importantes conquistas da sua práxis intelectual. Além de trabalhar no empreendimento editorial, Rama também desenvolveu uma reflexão mais teórica sobre a literatura latino-americana, que o levou a cunhar termos como "transculturação narrativa", "espessura literária", "área cultural" e "romances de ditadores". Como professor da Universidad Central de Venezuela, fundou a revista de teoria e crítica Escritura, onde publicou suas pesquisas e colaborou na renovação do discurso crítico latino-americano. Tal como o anterior, este período é um dos mais produtivos da sua biografia, embora seja ainda muito pouco estudado. O processo chegou ao fim por volta de 1978, quando Rama fez seus primeiros contatos com a academia americana e começou a fazer os preparativos para sua partida de Caracas rumo a Washington.

A última etapa de sua trajetória foi sua mudança para os Estados Unidos, em 1979. Rama realizou trabalhos docentes e acadêmicos nas universidades de Maryland e Princeton, enquanto organizava encontros de especialistas, dava palestras e seminários e escrevia obras clássicas, como A cidade letrada. Trata-se de um punhado de anos marcados por balanços históricos e visões retrospectivas que são traçados numa série de artigos, artigos e prefácios sobre o tema do exílio, as crises recorrentes na América Latina, as ditaduras e a democracia. O crítico aproveita os tesouros bibliográficos dos arquivos norte-americanos para revisitar alguns de seus objetos de estudo favoritos desde os anos 60 – o modernismo, o romance –, mas também explora temas pouco frequentados antes, como a literatura colonial novo-hispânica, as literaturas indígenas ou o ensaio latino-americano do século XIX.

Em 1982, o Serviço de Imigração dos EUA recusou-se a renovar o seu visto sob a insólita acusação de "subversão comunista". Embora tenha sido organizada uma campanha continental para denunciar o ultraje, Rama não conseguiu quebrar a vontade da política macartista dos EUA e foi forçado a deixar o país. Apoiado pelas universidades onde trabalhava, dirigiu-se para o seu destino final: Paris, onde prosseguiu os seus estudos enquanto assistia a conferências e reuniões de escritores. A mudança para a França significou para Rama o início de um novo projeto de pesquisa sobre a cultura latino-americana do século XIX e também a oportunidade de continuar a partir daí sua participação em uma iniciativa de Ana Pizarro: a elaboração de uma nova história da literatura latino-americana. Em novembro de 1983, a caminho de um congresso na Colômbia, o avião em que viajava sofreu um acidente logo após decolar do aeroporto de Madri. Ángel Rama morreu no acidente juntamente com sua esposa, a escritora e crítica de arte Marta

Traba, e o resto da tripulação. Sua morte gera um estremecimento no mundo intelectual latino-americano, que lamenta sua perda e reconhece com gratidão seus ensinamentos.

Podemos pensar que desde então uma nova etapa de recepção se abriu para suas obras: a instância de recuperação e a releitura de seus textos, intervenções e projetos. Um período de plena produtividade crítica, com ritmos e modulações diferentes, elaborados por diferentes autores e atravessado por trabalhos de arquivo, pela revisão teórica à luz de novos paradigmas, pelo exame de reconhecimentos de logros e limitações e pela formulação de novas questões. O presente volume faz parte desse desafio coletivo, sustentado pelo diálogo aberto entre os sonhos latino-americanistas dos anos 1960 e 1970 e o presente sempre em evolução, a partir do qual continuamos lendo e debatendo com Rama e suas ideias sobre nossa cultura e nossa sociedade.

UMA ANTOLOGIA DE TEXTOS LATINO-AMERICANISTAS

Os trabalhos compilados ilustram de múltiplas formas o tipo de militância cultural desenvolvida por Ángel Rama. Os gêneros discursivos envolvidos falam claramente de um intelectual que atua em diferentes esferas e campos de intervenção, unindo públicos e construindo redes. Através do índice, o leitor pode encontrar uma palestra sobre a originalidade latino-americana proferida num mítico encontro de homens de letras na Europa; um artigo sobre a extensão universitária para um Congresso mexicano; um artigo sobre a experiência editorial da Biblioteca Ayacucho; e um prólogo a uma antologia sobre o ensaio latino-americano publicada na Alemanha. Ao mesmo tempo, a variedade dos discursos destaca o caráter nômade de sua prosa, a reformulação de ideias e conceitos e os deslocamentos, viagens e movimentos contínuos que marcam a concepção de um latino-americanismo construído além de qualquer fronteira nacional estreita.

Todos os textos são cruzados pelos dois eixos que formam a matriz do seu pensamento e de sua práxis: a unidade da América Latina e a função dos intelectuais na sociedade. Como mencionado acima, a partir de 1959, Rama dedicou-se progressivamente a estabelecer a ideia da América Latina como uma unidade de sentido com traços de identidade próprios, com problemas históricos em comum e com um matiz utópico determinante. A tentativa é múltipla e não apenas conceitual. Enquanto aprofunda seu conhecimento do subcontinente, refina suas observações e incorpora outras perspectivas, o crítico realiza tarefas de natureza mais pragmática: mantém uma intercomunicação fluida com os pares da região, participa de encontros culturais que fortalecem laços, intervém nos grandes debates públicos da época e dirige empreendimentos editoriais concebidos como instrumentos de aproximação de autores, textos e públicos do subcontinente.

Como se pode ver, na reflexão acadêmica e nas diligências apontadas em toda a América Latina, destaca-se a interferência decisiva das elites culturais na sua unidade e modernização, de modo que é evidente que a figura do intelectual se eleva como segundo eixo orientador da práxis de Rama. Esta concepção pode ser rastreada desde a sua entrada na cena cultural de Montevidéu, na qual grande parte dos seus textos e atividades foram dedicados a investigar e estabelecer quais são as responsabilidades e as tarefas que a sociedade confia ao intelectual e como ele deve situar-se em relação à cultura nacional e à situação histórica. A influência de seus professores intelectuais, como Carlos Quijano, José Bergamín e seu irmão Carlos, e suas referências literárias, José Martí, Albert Camus e Jean-Paul Sartre, condicionam suas primeiras definições sobre este tema, que logo passam por reviravoltas como resultado de sucessivas leituras teóricas, fenômenos históricos, projetos culturais e vicissitudes biográficas que têm impacto em sua obra.

Uma comarca do Terceiro Mundo: América Latina a partir de um impulso totalizante e cosmopolita

"Sentido e estrutura de uma contribuição literária original por uma região do terceiro mundo: América Latina" é o título completo da palestra dada por Ángel Rama em 1965 no Colóquio de Gênova, evento organizado pelo Instituto Columbianum, entidade cultural italiana dirigida pelo jesuíta Angelo Arpa e interessada em estabelecer vínculos com a América Latina e os países do Terceiro Mundo. Como Claudia Gilman (2012, p. 112) e Germán Alburquerque (2000) salientam, o evento é um dos marcos da história intelectual dos anos 1960. Reuniu-se ali uma vasta gama de escritores e figuras de destaque da cultura latino-americana, num arco ideológico muito amplo que seria incomum alguns anos depois. Diante deste público internacional, um espaço cultural europeu habitado temporariamente por intelectuais latino-americanos, Rama apresentou um trabalho sobre a América Latina que expressava as apostas e tensões desde a perspectiva comprometida e montevideana daqueles anos em torno da cultura do continente naqueles anos.

Seu desafio é estabelecer a originalidade da criação literária latino-americana. O uruguaio apresenta três pontos de partida que revelam até que ponto sua interpretação é marcada por certezas derivadas da tradição americanista mais clássica, endividada com o pensamento dos líderes da emancipação e enriquecida pelas posições de intelectuais como Martí, Rodó, Ugarte e as reelaborações de 1910 e 1920. Uma dessas questões – "super-entendidas", segundo o texto – é a "unidade subjacente da América Latina", uma afirmação auto-suficiente que valoriza os elementos culturais compartilhados – mas não definidos –, todavia, faz isso "um pouco à imagem do que acontece nos países europeus com suas formulações regionais ou dialetais" (2021,). Em outras palavras, a unidade latino-americana é forjada tomando a Europa como modelo, com todos os conflitos que esta operação supõe: por um lado, suscitando como verdade a existência de uma certa unidade cultural europeia, que ignora e omite as divergências entre nações, regiões e comunidades; por outro, silenciando a própria heterogeneidade sob um molde civilizacional que é diferente sob todos os pontos de vista.

A outra questão apontada pelo autor é a existência de uma originalidade que é percebida como ligada à mesma, única e totalizante "modulação orgânica", uma expressão opaca que tende a celebrar uma certa articulação na produção literária que não é submetida a uma análise mais aprofundada e que é replicada em fórmulas como "formas coerentemente desenvolvidas" ou "fraseado histórico". Nenhuma é explicada, detalhada ou exemplificada.

Finalmente, Rama postula sua concepção estrutural da literatura, que pensa as letras a partir da noção de "sistema literário", ideia que o crítico uruguaio tira de Formação da literatura brasileira: momentos decisivos (1959), o livro clássico de Antonio Candido, para retrabalhá-la como uma noção que se expande para a esfera latino-americana, que a desprende da questão nacional presente no argumento original do brasileiro a fim de articulá-la num espaço supranacional que exige ajustes e revisões, ausente nesta obra.

O documento explica a criação latino-americana com base na existência de duas culturas, uma cosmopolita e outra tradicional, que há séculos se confrontam, se entrelaçam e se fertilizam mutuamente. As obras literárias mais significativas da região foram construídas no seio desses encontros. Nas últimas décadas, o desenvolvimento da sociedade e a aceleração da história impuseram uma tendência de separação e desconhecimento com graves consequências. Embora não se explicite – mal se faz referência ao seu pensamento –, a reflexão está estruturada em torno dos argumentos do sociólogo Karl Mannheim sobre a crise da civilização europeia dos anos 30. Ángel Rama "latino-americaniza" a abordagem do pensador húngaro-alemão para aplicá-la à nossa literatura e cultura sem mediação ou quaisquer outras precauções conceptuais. A operação lhe permite ter uma visão global da produção que organiza produtos, autores e fenômenos díspares em torno das duas tendências que constituiriam a totalidade da América Latina.

Embora o foco esteja na interação entre as duas culturas, é claro que o sistema se torna dicotômico. Rama opõe a cultura cosmopolita (modernizada, atenta à novidade metropolitana, baseada nas grandes cidades) à cultura tradicional (popular, ligada ao meio rural e às comunidades do interior da região). O crítico não permanece neutro em relação às possibilidades estéticas de cada pólo, e pondera a força cosmopolita como a única capaz de desenvolver uma cultura de qualidade para a América Latina. Num espírito modernizador, ele assinala que as obras tradicionais estão ancoradas num conservadorismo irreversível, ao passo que os textos dos escritores das grandes cidades são celebrados como criações literárias de vanguarda. Esta valorização, desatenta à riqueza das comunidades e expressões que ultrapassam a norma metropolitana, é radicalmente revista em obras posteriores, como os ensaios sobre a transculturação narrativa. No entanto, o uso dos pólos como elementos ordenadores da cultura latino-americana subsiste em seu pensamento e aparece como chave de leitura mesmo em textos dos anos 80, como "A tecnificação narrativa" (2008).

Diante do conflito entre culturas, Rama aposta nas possibilidades da cultura urbana latino-americana, num contexto de revolução iminente que amplia o público e aproveita as contribuições dos setores populares para produzir obras literárias originais que competem em qualidade e ousadia com os textos mais sofisticados da Europa e dos Estados Unidos, como demonstram as obras de escritores como Nicanor Parra, Carlos Fuentes, Julio Cortázar, Ernesto Cardenal e Mario Benedetti. Duas operações culturais que caracterizam a cultura latino-americana de uma perspectiva global podem ser traçadas nelas: por um lado, a apropriação de elementos marginais ou antitéticos do pensamento, da arte e da política europeus para desenvolver suas possibilidades em um contexto diferente e sob sua própria orientação; por outro lado, a busca de uma base popular mais ampla, integrando as classes subalternas ao diálogo cultural. A contribuição original da literatura latino-americana, Rama parece argumentar, está na forma como escritores e intelectuais, com firme convicção anti-imperialista, resistem às particularidades históricas e às modulações estéticas da região e as utilizam para produzir obras literárias de grande impacto social, que transcendem as barreiras nacionais e acabam por inserir o subcontinente na cena mundial contemporânea.

A vontade de integração e a celebração da literatura latino-americana coexistem neste texto com operações de exclusão e de silenciamento que precisam ser examinadas. À hierarquização do pólo cosmopolita, em detrimento do tradicional, há que acrescentar outra afirmação demasiado problemática: a desvalorização decisiva de qualquer contribuição das populações nativas ou africanas, que o autor vê não só despojadas da sua autonomia e capacidade de desenvolvimento, mas também condenadas a desaparecer: "Tanto as primeiras como as segundas estão destinadas a morrer e só podem inserir elementos próprios nesta cultura europeia americana, ou ocidental ou atlântica, como quiserem" (2021). A argumentação parece ser feita contra a tentativa anti-europeia de Franz Fanon, que ele critica ferozmente, e destaca no discurso de Rama os traços tanto da ferida colonial como de um eurocentrismo cultural característico do Rio da Prata, que continua a ver o Velho Mundo como o modelo atual de civilização.

A palestra de Ángel Rama en Génova demonstra o caráter literário, urbano, crioulo , modernizador e metropolitano da sua concepção da América Latina, da sua literatura e dos seus intelectuais em meados dos anos 1960, imagem que o crítico tinha construído à cabeça das páginas literárias de Marcha e que aparece expressa nas leituras, intervenções e projetos desse período da sua práxis.

"DEZ TESES SOBRE A INTEGRAÇÃO CULTURAL NA AMÉRICA LATINA": UMA AGENDA LATINO-AMERICANISTA

No início dos anos 1970, a experiência latino-americana de Ángel Rama foi enriquecida por viagens, diálogos, encontros, projetos e estudos que realizou ao redor e sobre o subcontinente. A pesquisa acadêmica mais relaxada, a estadia em Porto Rico, as idas e vindas da ligação com Cuba e a Casa de la Américas, os encontros decisivos com Darcy Ribeiro e a antropologia, a leitura próxima da Teoria da Dependência e a descoberta da obra de Walter Benjamin condicionaram um discurso menos ingênuo sobre a iminência da revolução, a originalidade cultural e o modelo europeu. O avanço modernizador já não parecia garantia suficiente para o desenvolvimento das sociedades, ao passo que a Universidade ascendia em seu pensamento como instituição estatal capaz de coordenar os esforços dos intelectuais e consolidar a autonomia cultural diante da percepção de uma cultura de massa abrangente que deslocou as artes e as humanidades na criação dos imaginários nacionais.

Nesta instância de sua práxis e a partir desta posição política e cultural, Ángel Rama participou da II Conferência Latinoamericana de Difusão Cultural e Extensão Universitária, a convite do filósofo Leopoldo Zea. O evento foi organizado pela Universidad Autónoma de México, na Cidade do México, em fevereiro de 1972. Ali, o intelectual uruguaio apresentou "Dez teses sobre integração cultural na América Latina ao nível universitário", um documento até então inédito que, sem dúvida, constitui um verdadeiro manifesto de sua vocação latino-americana e uma peça transcendental de seu discurso. O texto retoma hipóteses e equilíbrios anteriores sobre a universidade e reformula-os dentro de uma agenda intelectual claramente regida por uma ideia de integração cultural baseada na gestão de equipes de especialistas e instituições estatais. Organizado em dois blocos, a comunicação é dedicada, primeiramente, a fundamentar de modo claro, reflexivo e explícito os conceitos centrais envolvidos na agenda da integração regional, e depois se volta para questões e propostas específicas orientadas pelas tarefas de extensão na universidade latino-americana.

A primeira seção contém algumas observações e aspectos notáveis do pensamento de Rama sobre a realidade e a cultura da América Latina por volta de 1972. A princípio, há uma noção clara do tipo de integração cultural que se anseia construir. Rama refere-se a ela como um desejo de restituição da unidade perdida após a independência e como o conjunto de respostas sucessivas que os intelectuais ofereceram como uma afirmação diante do avanço dos impérios e das forças externas à região. Neste sentido, é possível perceber tanto os traços da ferida colonial, que situa a origem da identidade latino-americana na conquista, a vice-reitoria espanhola e o posterior processo de emancipação da linhagem crioula, como o caráter reativo da referida integração, ativada por um estímulo metropolitano e não por uma genuína aspiração local. Assim, a utopia remonta a uma instância pensada como original, atravessada pelo processo de colonização e reformulada como um projecto político e cultural, ao passo que o que é próprio é definido em termos de um diálogo assimétrico entre a região, que é postulada como periférica e deslocada, e um centro universal, que continua a ser a civilização europeia e as suas transformações históricas.

Rama considera que qualquer projeto de integração para a América Latina deve abraçar o princípio anti-imperialista e retomar a tradição de luta e autonomia constituída por três grandes momentos: a guerra de independência – cujo apelo à unidade se expressa através de Simón Bolívar –, a plena entrada da região latino-americana no sistema econômico mundial no final do século XIX – quando surgiram as grandes vozes americanistas representadas por José Martí – e a era contemporânea, que luta com as numerosas formas de violência do imperialismo que aprofundam as desigualdades e dificultam o progresso. Rama também reivindica o imperativo modernizador. Tal como tinha subscrito em Gênova, assinala que não é possível renunciar à cultura modernizada ou substituí-la, entendida como aquela que é construída com base nos sistemas econômicos e nos avanços técnicos e científicos das metrópoles desenvolvidas e expandida em todo o mundo pela força da globalização capitalista. O trabalho também reitera a marginalização da criação original e a contribuição das comunidades afrodescendentes, tidas como incapazes de resistir ao impulso do contemporâneo.

Esse é um momento crítico da obra, na medida em que o autor deve negociar entre, por um lado, a afirmação de uma autonomia sustentada pelo patrimônio cultural e o legado histórico de emancipação e, por outro lado, o anseio de desenvolvimento da região, que não pode deixar de tomar como modelo as sociedades europeias. A solução oferecida é, pois, uma modernização prudente, inteligente, estratégica, sujeita a uma "estreita vigilância" e gerida "para efeitos da integração cultural projectada" (2021), que permite aproveitar as potencialidades da contemporaneidade mundial, mas sem alienar, para tanto, a própria identidade, ligada a experiências, heranças e linhagens que não estão necessariamente sujeitas ou integradas em circuitos internacionais. Naturalmente, é inevitável não se referir neste ponto às reflexões de Rama sobre o mesmo assunto por volta de 1982, em seu clássico livro *Transculturación narrativa en América Latina* (2008), que está focado, contudo, na criação literária.

Outra característica notável do texto é o peso dos intelectuais na integração. O autor sublinha eloquentemente que o sonho da unidade regional se desenvolveu ao longo das décadas em inúmeras proclamações políticas, manifestações artísticas, obras literárias, ensaios, programas "com vontade de futuro" (2021:). As elites intelectuais são assim chamadas a estar na vanguarda do processo de integração. Suas funções vão desde a preservação dos legados culturais internos até a coordenação dos esforços de grupos e instituições para o desenvolvimento das sociedades. A afirmação torna-se uma agenda e, após refletir sobre o problema, Rama propõe a criação de coleções universitárias e editoras que colocariam em circulação os clássicos do pensamento e da literatura da região, "uma espécie de carta magna da cultura latino-americana" (2021). A ideia esboçada aqui encontrou sua realização anos depois, na Venezuela, através da Biblioteca Ayacucho.

A ideia de integração é assim sustentada pelo princípio anti-imperialista e modernizador e pelos esforços dos intelectuais e das instituições que os reúnem e os apoiam, principalmente a universidade estatal. Mas a exposição de Rama também abraça uma certa ideia da América Latina que contempla reformulações e novas nuances. O que se destaca neste sentido é uma percepção mais clara e decisiva da heterogeneidade cultural que rege a vida cultural do subcontinente e que reúne distintas tradições, conflitos, áreas, classes e comunidades. A observação distingue a sobreposição de diversos ritmos históricos e configurações sociais, o que torna a noção menos abstrata e totalizante do que nas posições dos anos 1960. Entretanto, surge aqui um problema que anos depois seria visto a partir de uma posição quase diametralmente oposta: a questão da integração com o Brasil. O caso chama a atenção: Rama considera que a língua portuguesa e a cultura nacional brasileira distanciaram historicamente o país sul-americano do resto do subcontinente. Sua conclusão é que os laços entre os dois hemisférios da América Latina são tão fracos que a unidade é adiada para futuros projetos e substituída na agenda por intercâmbios pontuais. A questão brasileira apresenta uma situação análoga com o Caribe francês, cuja articulação com o resto do subcontinente também é problemática.

Em ambas as situações, Ángel Rama enfatiza o caráter utópico do projeto de América Latina e sua dupla perspectiva temporal: para trás, rumo à restituição da unidade perdida da colônia espanhola – que exclui o Brasil e as sociedades francófonas; para frente, rumo ao desejo de plena integração de todos os países ao sul do

Rio Bravo, o que contribuiria para a transformação profunda das estruturas sociais e para a consolidação de uma identidade cultural comum, forjada no calor das tarefas de emancipação empreendidas conjuntamente pelos intelectuais da região.

A BIBLIOTECA AYACUCHO: UMA EDITORA PARA O SONHO LATINO-AMERICANO

Em 1972, Ángel Rama estabeleceu-se na cidade de Caracas, onde trabalhou intensamente como crítico, professor, pesquisador e polemista. Algum tempo depois de sua chegada, o uruguaio, junto com o intelectual venezuelano José Ramón Medina, desenhou um projeto editorial para reavivar as ideias por trás de uma coleção de clássicos latino-americanos. O plano inicial foi aprovado pelo presidente Carlos Andrés Pérez e financiado pela bonança petrolífera nacional. Por volta de 1974, foi fundada a Biblioteca Ayacucho, que se desenvolveu sob a direção e liderança literária de Ángel Rama e graças ao trabalho de um grande grupo de colaboradores. A editora recuperou os textos fundamentais da literatura e do pensamento da região a fim de reler as obras, contextualizar sua época, rever suas tensões, atualizar seus significados e difundi-los entre o público contemporâneo.

Durante os primeiros anos de seu trabalho na direção da empresa, Rama realizou múltiplas tarefas, desde a gestão institucional e administrativa até a elaboração de prólogos e cronologias para os volumes. Ao fazer isso, recorreu à ajuda de intelectuais latino-americanos dispersos na diáspora após o triunfo das ditaduras no Cone Sul e pediu-lhes que selecionassem material, procurassem originais, fizessem traduções, apresentassem textos, corrigissem provas. De Caracas, Rama passou a tecer uma vasta rede intelectual de colaboração e produção, que complementou a recuperação dos clássicos da região e acabou constituindo a Biblioteca Ayacucho como um momento chave na sua carreira e um dos seus legados mais transcendentes para a cultura latino-americana.

No entanto, assolado pela hostilidade do meio intelectual venezuelano, Ángel Rama deixou Caracas e, em 1979, instalou-se em Washington, onde continuou a trabalhar durante algum tempo como diretor literário da Biblioteca Ayacucho, que tentou enriquecer com os manuscritos coloniais e estranhas peças de arquivo que descobriu nos arquivos americanos. À medida que os volumes são publicados e começam a circular entre leitores e especialistas em todo o mundo, o meio cultural e acadêmico começa a elogiar a iniciativa. Algumas das principais figuras da cultura venezuelana ficaram insatisfeitas com os critérios de seleção e com o desenho do catálogo. O romancista Arturo Uslar Pietri foi um deles; por volta de 1980, ele tornou explícitas as suas críticas a certas decisões editoriais. Ángel Rama reflete sobre as suas observações e escreve uma longa carta a José Ramón Medina, na qual glosa e refuta um a um os comentários do intelectual venezuelano. Os argumentos de seu texto tornam-se a estrutura central de "La Biblioteca Ayacucho como instrumento de integração cultural latinoamericana", publicado em 1981, um ensaio que pretende ser a base dos princípios editoriais da coleção.

No texto, as definições do empreendimento são claras. Rama estabelece os três critérios que orientam a seleção dos materiais e a preparação dos volumes. O primeiro é descrito como "culturalista" e refere-se a uma ampla e rica abertura genérica, que não se limita aos gêneros tradicionais da literatura, mas compila diversos textos, como ensaios, cartas, crônicas, histórias orais, proclamações e manifestos. O segundo critério é sociológico e visa dar à coleção uma espessura social que possa ir além da produção literária e integre as vozes dos setores mais oprimidos e marginalizados da sociedade. O terceiro critério editorial da Biblioteca Ayacucho é a inclusão de obras que não tenham sido escritas por autores latino-americanos, mas que são, no entanto, indispensáveis para pensarmos na nossa identidade comum. Esta ideia implica compreender a cultura do subcontinente como um produto híbrido que surge do encontro conflituoso das suas próprias tradições e das tradições estrangeiras. A operação marca uma inovação sem precedentes em sua maneira de pensar a cultura latino-americana, que também é moldada pelo olhar externo.

O ensaio demonstra como a ideação, a construção e a reflexão sobre a Biblioteca Ayacucho introduzem mudanças significativas na práxis de Rama. Tanto sua imagem da América Latina quanto suas ideias de integração apresentam revisões e reformulações que expressam uma visão mais refinada e atenta à dinâmica e à diversidade da produção cultural da região.

O reconhecimento da heterogeneidade das sociedades e das nações que a compõem torna-se programático e implica o abandono da língua espanhola como elemento unificador. Ao contrário dos textos e posições anteriores, o Brasil é um elemento imprescindível na identidade do subcontinente, o que nos obriga a considerar como prioritárias tanto as tarefas de tradução e apropriação do pensamento e da literatura brasileiros, quanto o estabelecimento de redes com seus autores e intelectuais. Algo semelhante ocorre com os países do Caribe e com os que não falam espanhol: Rama destaca a dificuldade histórica de integrar obras escritas em inglês, francês e holandês na cultura latino-americana, e pede o desenvolvimento das tarefas necessárias para incluí-las na coleção.

Mas, além dos países e regiões que compõem a unidade, o que se destaca no pensamento de Rama, em diálogo com a Biblioteca Ayacucho, é que uma identidade cultural em comum continua a ser reivindicada, contudo, não mais no sentido beligerante e anti-imperialista, mas sim através de uma fundamentação cultural e histórica. A América Latina não é imaginada como unida na luta contra as potências ou coordenada na competição contra elas pela qualidade de seus produtos estéticos, mas está ligada pela acumulação de esforços civilizatórios, manifestações artísticas e testemunhos literários que se desenvolveram na região ao longo dos séculos. Nos ensaios literários e nos projetos sociais e políticos dedicados à definição do sentido, da identidade e da organização de um território geográfico e humano chamado "América Latina", Ángel Rama encontra o fundamento primordial da tão almejada unidade.

Desta forma, a ideia de uma América Latina olhando para o passado e projetando-se no futuro implica um novo papel para os intelectuais. Homens de letras e profissionais ligados às humanidades têm a rigorosa tarefa de pesquisar o patrimônio cultural comum e a responsabilidade de explicar, difundir e fazer circular as criações seculares da região, a fim de superar os nacionalismos e sustentar uma identidade latino-americana sempre ameaçada.

A partir do ensaio, pode-se estabelecer que a Biblioteca Ayacucho assume uma integração cultural concebida em pelo menos três sentidos. Uma é dada pela questão cultural, ou seja, a de incluir num único panorama histórico e pensar as produções intelectuais e artísticas da região como parte de um mesmo processo. Um segundo sentido de integração é aquele que diz particularmente respeito aos intelectuais como sujeitos sociais e envolve o estabelecimento de redes e a formação de equipes que permitam cumprir as tarefas exigidas pela sociedade e pela época. Finalmente, a integração também assume um aspecto literário, teórico e crítico: trata-se de descobrir a forma como a literatura da região tem sido historicamente relacionada entre si e de elaborar discursos que permitam estudar de forma orgânica a criação das diferentes sociedades latino-americanas.

Desta forma, o projecto da Biblioteca Ayacucho funciona como uma intervenção estratégica em termos de integração regional. Concebida como uma tarefa cultural realizada por intelectuais e apoiada pelo Estado, a sua concepção e realização mostra-se como uma representação cabal da práxis latino-americanista de Ángel Rama, sustentada por ideias e textos, mas também por planos, controvérsias e gestões.

A UTOPIA COMO TRADIÇÃO: UM PANORAMA GERAL
DO PENSAMENTO E DO ENSAIO LATINO-AMERICANO

Em 1981, *Der lange Kampf Lateinamerikas. Texte und Dokumente von José Martí bis Salvador Allende* [*A Longa Luta da América Latina. Textos e documentos de José Martí a Salvador Allende*], uma antologia de ensaios sobre a história e a cultura da região, foi publicada em 1981. Ángel Rama foi responsável pela seleção dos textos e escreveu o prólogo, inédito na sua versão original em espanhol e intitulado "Um povo em marcha".

Nessa época, o crítico uruguaio estava em meio a uma batalha contra o Serviço de Imigração dos EUA, enquanto continuava seu trabalho docente e suas pesquisas sobre a cultura latino-americana do século XIX, participando de encontros acadêmicos e projetos editoriais ligados à diáspora de intelectuais do Cone Sul. A questão do exílio chama-os à reflexão e ao debate. Em torno da experiência desenraizadora de perseguição e deslocamento, Rama traça profundos balanços retrospectivos que envolvem os desafios políticos, as certezas ideológicas e as agendas culturais das últimas décadas. Num ensaio clássico sobre o exílio, chega ao ponto de falar de uma "literatura dos derrotados" para assinalar a existência de um período de reflexão coletiva após a derrota dos grandes projetos revolucionários, "um parêntese questionador que nos permite vislumbrar os conflitos na sua maior latitude" (1995, p. 247). É nesta modulação que deve ser colocado o prólogo da compilação alemã: como um estudo mais cauteloso diante das definições mais precisas e mais consciente de certas aporias e simplificações do discurso latino-americano. Em qualquer caso, vale a pena notar que a maior distância crítica e a leitura lúcida de numerosas fontes e tradições não eclipsam o reconhecimento dos esforços seculares para a unidade, nem tampouco minam a própria utopia religadora.

Como exemplo deste processo de revisão e reinvenção no discurso de Ángel Rama, podemos focar uma questão central para o pensamento latino-americano: o nome genérico do subcontinente, América Latina. Em "Um povo em marcha" pode-se traçar um exercício detalhado de análise ideológica da origem do nome da entidade política e cultural que tem estado no centro da sua práxis desde 1959. No prólogo, o autor aponta que a escolha da "América Latina" implica pelo menos duas "operações seletivas". A primeira é a oposição ao modelo anglo-saxônico que tinha sido anteriormente um exemplo de civilização para vários dos heróis da emancipação e para muitos letrados do século XX. O segundo fundamento do conceito tem um aspecto nefasto, na medida em que traça uma segregação interna que marginaliza as populações e culturas indígenas e negras do subcontinente e as submete à liderança de uma elite que se imagina branca ou, pelo menos, mestiça, mas, de qualquer forma, recortada segundo o molde da liderança e da intelectualidade europeia. O nexo com o mundo latino metropolitano serve de legitimação racial para aqueles que detêm o poder e se consideram solidamente ligados ao destino das potências mediterrâneas, especialmente a França. Esta inquisição marca uma ruptura com as declarações de originalidade e identidade da América Latina dos anos 1960. Além disso, expressa mal-estar perante uma nomeação que não só serve para unir e invocar o passado comum e os desafios partilhados, como também funciona como um dispositivo que hierarquiza e silencia. Rama não avança em seu julgamento, nem tira as consequências necessárias da problematização; ao contrário, ele se limita a deixá-la denotada em seu texto, para que a tensão percebida em nome da América Latina permaneça sem solução e subsista como um mal-estar que qualifica certos afãs de representação e identidade que são constitutivos do projeto latino-americanista.

Por outro lado, o ensaio percorre a história do pensamento latino-americano e estabelece uma série de etapas, estruturadas de acordo com as vicissitudes políticas dos países da região. Assim, após as reformulações ideológicas trazidas pelo curso cultural internacionalista e pelo processo de democratização progressiva das sociedades no final do século XIX, é reconhecido um período pautado pelo reformismo e pela revolução, com uma marcada inflexão nacionalista, urbana e modernizadora, que se estende até as crises econômicas que se seguiram à crise de 1929. Foi então que surgiram projetos populistas – pensados como respostas às demandas das classes populares, que haviam sido omitidas das agendas da elite até a emergência de líderes como Perón e Vargas – e, em seguida, surge o militarismo como fator determinante no poder político, assumindo o Estado com a derrocada dos regimes populistas ou democráticos.

A última etapa abordada por Rama é conformada pelo arco temporal que vai desde o segundo pós-guerra até o momento da sua enunciação, no qual ele destaca uma série de fenômenos que atravessam sua própria biografia: a eclosão da Revolução Cubana e seus efeitos no resto do subcontinente; o desembarque da cultura de massa estadunidense; a modernização das ciências humanas e sociais, que tornou possível o surgimento da teoria da dependência e da crítica da teoria do desenvolvimento; o reconhecimento massivo e mundial da produção narrativa latino-americana, traduzido no "boom" literário. Finalmente, Rama destaca um processo cultural que se torna transcendental para entender sua trajetória: a renovação da utopia latino-americanista por intelectuais nos anos 1960. Uma frase no prólogo é quase autobiográfica:

As equipes de escritores, artistas, estudiosos deram uma contribuição notável, demonstrando que estavam preocupados com as sociedades a que pertenciam e, em um grau nunca antes visto, desenvolveram uma consciência regional que os múltiplos exilados ajudaram a dotar de um conhecimento mais bem fundamentado das características das diversas áreas. O latino-americanismo [...] tornou-se agora um slogan popular: os homens que vivem do Rio Bravo ao Estreito de Magalhães sentiam e alegremente se chamavam "latino-americanos", embora sem dar a esse rótulo o significado restrito anterior, como prova a renovação indigenista e o pleno reconhecimento da africanidade de muitas culturas internas. (Rama, "Um povo em marcha", p.)

A frase em questão parece ter a intenção de refutar qualquer leitura anti-intelectualista do texto. Aqui o uruguaio incorpora à sua agenda a questão indígena e a permanência da cultura africana. A utopia latino-americanista é assim carregada de novos significados e nuances, pouco percebidos nas leituras habituais de seus últimos livros. É verdade: não o faz de uma forma programática ou decisiva, mas é uma operação importante para pensar nesta fase do seu pensamento. Longe de questionar a legitimidade do papel dos intelectuais na sociedade, de julgar sumariamente a sua própria geração ou de desafiar a validade do latino-americanismo, por volta de 1982, Ángel Rama endossa explicitamente a sua vocação integradora, a sua entonação militante. De fato, na primeira seção do prólogo, a leitura e a revalorização das respostas dos intelectuais latino-americanos às interpretações depreciativas das sociedades da região, empreendidas pelo naturalismo europeu e indígena no final do século XIX, reconstrói uma tradição letrada que afirma a identidade e a autonomia ao longo das décadas e o devir da história e do pensamento mundial. Quase se pode ler este panorama intelectual como uma versão otimista de *A Cidade Letrada*; em contraste com seu livro clássico, este texto enfatiza não tanto os traços coloniais dos homens de letras, mas sim sua capacidade de resistir à alienação e de convocar por unidade e transformação.

Naturalmente, estes não são os únicos elementos que o prólogo incorpora à sua imagem da América Latina, nem tampouco as tensões e reformulações do seu discurso se limitam a esse ponto. Vale a pena notar a observação sobre a ascensão pública das mulheres como escritoras e intelectuais no início do século XX; limitada e insuficiente, a incorporação do tema em sua reflexão marca um olhar menos patriarcal do que o frequentado pelo ensaio dos anos 1960 e 1970. Também é imperativo questionar a omissão de fenômenos históricos como a Revolução Boliviana ou a ascensão de um discurso indianista que já não depende da mediação dos setores crioulos. Finalmente, a conclusão com uma celebração da arte e da literatura latino-americana contemporânea e sua citação de Nossa América, de seu admirado José Martí, reafirmam o papel transcendental que Ángel Rama continua a dar à literatura e aos intelectuais em sua extensa obra integradora.

LER RAMA

Os trabalhos compilados confirmam o quanto a América Latina tem sido incessante nas reflexões e obras do intelectual uruguaio. Lidos em série, os textos iluminam mudanças de perspectiva e ajustes nas orientações, desde o olhar cultural distante e cosmopolita, repleto de fervor revolucionário e modernizador, até as explorações de longo alcance sobre uma tradição de pensamento tão fértil quanto problemática, na qual o seu próprio trabalho deve ser incluído. No meio, estão as definições programáticas propostas em torno da integração regional e dos fundamentos de seu grande projeto de integração, o que implica mais um giro do parafuso em sua imagem da América Latina e na devida reformulação das agendas e do conceito.

Como outros especialistas antes de mim, ressaltei a coerência do seu discurso. Vale a pena sublinhar esta questão em tempos de agendas acadêmicas transnacionais, de fábricas de papers indexados e de objetos de estudo assépticos, adaptados a modas, parâmetros e normas. Rama foi um homem do seu tempo, atento às transformações teóricas e à produção cultural contemporânea, que não negligenciou as suas leituras do novo e que soube apropriar-se dos diferentes vocabulários e metodologias críticas à sua disposição. Mas isso não conspirou contra sua plena dedicação à América Latina, sua literatura e sua cultura, às quais tanto ajudou a imaginar, difundir e examinar. Nesta inflexão precisa da sua práxis, na decisão de se tornar um sujeito latino-americano – seja lá o que isso signifique – e de trabalhar arduamente para construir a integração desejada – para além dos resultados concretos –, é necessário destacar algo que vai além das decisões racionais e dos condicionamentos da época: a paixão. Cada um dos textos de Rama funciona como uma celebração e afirmação da criação estética da região e do esforço cultural por ela desenvolvido. Quando ele julga severamente, descobre conexões subterrâneas, forja conceitos ou lê a contrapelo, o que está em jogo é o reencontro com o próprio, o diálogo com os pares, a religação de um "nós" muitas vezes disperso, confrontado, fraturado.

Dito isto, a compilação de textos proposta aqui também sugere que a coerência de Rama não deve ser entendida como dogma. Tanto sua concepção da América Latina como suas notas sobre os deveres dos intelectuais passam por um processo constante de revisão e reinvenção. Seu latino-americanismo montevideano dos anos 1960 é diferente do seu latino-americanismo estatal da década seguinte, assim como suas intervenções polêmicas na mídia uruguaia e de Caracas estão muito longe das reflexões calmas dos anos 1980. Como afirmou Hugo Achugar, "existem múltiplos 'Ramas'" (apud Larre Borges, p. 1); e sua frase deveria servir como um lembrete ao examinar seu trabalho e ponderar suas contribuições. Da mesma forma, sua práxis heterodoxa adverte sobre a estreita inter-relação entre suas múltiplas atuações como intelectual, algumas delas expressas nas páginas seguintes. Assim, por exemplo, ao examinar seu estudo do pensamento latino-americano do século XIX, é possível detectar nele os traços de seus balanços das décadas anteriores e seu trabalho de arquivo para a Biblioteca Ayacucho, as conexões com a argumentação de A cidade letrada e o impacto de seu envolvimento com o projeto de história comparada liderado por Ana Pizarro.

Ler Rama também renova os desafios do latino-americanismo na época atual e convida ao debate com algumas das afirmações e apostas que ele e seus companheiros de geração fizeram sobre a identidade do subcontinente e o papel dos intelectuais dentro do projeto de integração e autonomia. "A América Latina continua sendo uma utopia intelectual de vanguarda à espera de sua plena realização" (2008), escreveu o uruguaio no prólogo de um de seus livros mais brilhantes. Pois bem, até agora, no século XXI, podemos ver como é urgente retirar os anseios de unidade desta coordenada letrada altamente problemática, assim como é imprescindível abrir o desafio à agência dos diversos sujeitos sociais e a necessidade de repensar o significado da América Latina numa história que avança a um ritmo vertiginoso, violento, multipolar e sem um norte certo. Também é urgente reconsiderar o significado da literatura, da crítica e da cultura num panorama global que é tão digital quanto dinâmico. Em todo caso, talvez a grande lição intelectual de Ángel Rama seja sua tenacidade e lucidez em manter a utopia de uma América Latina unida, apesar das derrotas e frustrações, baseada no diálogo, no trabalho coletivo e na paixão pelo que é nosso, sempre incessantes.

AAVV (1982). *Der lange Kampf Lateinamerikas. Texte und Dokumente von José Martí bis Salvador Allende.* Selección y prólogo de Ángel Rama. Frankfurt: Suhrkamp.

Aguilar, Gonzalo (2013). *Los intelectuales de la literatura: cambio social y narrativas de la identidad.* En Carlos Altamirano (Dir.). *Historia de los intelectuales en América Latina. Tomo II. Los avatares de la "ciudad letrada" en el siglo XX.* Buenos Aires: Katz.

Alburquerque, Germán (2000). *La red de escritores latinoamericanos en los años sesenta.* Universum (15).

Barbosa, Cairo de Souza. (2020). *"Terzo Mondo" em transe: Antonio Candido em Gênova e depois.* Revista do Instituto de Estudos Brasileiros (76).

Barros-Lemez, Álvaro y Blixen, *Carina* (1986). Cronología y bibliografía de Ángel Rama. Montevideo: Fundación Ángel Rama.

Casa de las Américas (1993). Dossier "Ángel Rama: presencia que no acaba", XXXIV (192).

Coelho, Haydée Ribeiro (2009). O Brasil na "Biblioteca Ayacucho: vertente literária e cultural". *O Eixo e a Roda*, 2 (2).

Cuadernos de Marcha (1984). Número en homenaje a Ángel Rama, Marta Traba y Jorge Ibargüengoitia. Segunda época, V (25).

Demenech, Pedro. (2019). *Em 1974 : os princípios da Biblioteca Ayacucho. Remate De Males*, 39 (2).

El Matadero (2009). Sección "Ángel Rama. Homenaje a un ciudadano letrado a 25 años de su muerte". Segunda época, (6).

Estudios (2003-2004). Dossier "Homenaje a Ángel Rama". Coordinación de Alicia Ríos, 10/11 (22/23).

García Liendo, Javier (2017). *El intelectual y la cultura de masas. Argumentos latinoamericanos en torno a Ángel Rama y José María Arguedas*. Indiana: Purdue University.

Gilman, Claudia (2011). *Enredos y desenredos de Ángel Rama y Emir Rodríguez Monegal*. Nuevo Texto Crítico, 24-25 (47-48).

Gómez, Facundo (2017). *Los primeros ensayos de Ángel Rama: inicios montevideanos de una crítica latinoamericana*. Catedral Tomada, 5 (8).

Gómez, Facundo (2019). *Ángel Rama en la Biblioteca Ayacucho y viceversa: desafíos y lecciones de una editorial latinoamericanista*. A Contracorriente, 17 (1).

González, José Eduardo (2017). *Appropiating theory. Ángel Ramá s critical work*. Pittsburgh: Pittsburgh University Press.

Gordon-Burroughs, Jessica (2014). *Monuments and Ephemera: The Biblioteca Ayacucho"*. A Contracorriente, 11 (3).

Larre Borges, María Inés (2008). *Ángel Rama: a 25 años de su muerte. Para pensarnos mejor. Entrevista a Hugo Achúgar, Mabel Moraña y Ana Pizarro*. Disponible en http://sopadesvan.blogspot.com/2008/12/angel-rama-25-aos-de-su-muerte.html. Visto el 30 de junio de 2017.

Mondragón, José Rafael (2019). *Un arte radical de la lectura: constelaciones de la filología latinoamericana*. México: Universidad Nacional Autónoma de México, Instituto de Investigaciones Filológicas.

Moraña, Mabel (Ed.) (1997). *Ángel Rama y los estudios latinoamericanos.* Pittsburgh: Instituto Internacional de Literatura Iberoamericana.

Pacheco, Carlos y Guevara, Marisela (2003-2004). *Ángel Rama, la cultura venezolana y el epistolario de la Biblioteca Ayacucho. Estudios*, 10-11 (22-23).

Perus, Françoise (2019). *Transculturaciones en el aire (en torno a la cuestión de la forma artística en la crítica de la narrativa hispanoamericana).* México: Universidad Nacional Autónoma de México.

Pistacchio, Romina (2018). *La aporía descolonial. Releyendo la tradición crítica de la crítica literaria latinoamericana. Los casos de Antonio Cornejo Polar y Ángel Rama.* Madrid: Iberoamericana.

Pizarro, Ana (Coord.) (1985). *La literatura latinoamericana como proceso.* Buenos Aires: Centro Editor de América Latina.

Rama, Ángel (1970). *Letras. En AAVV. La estructura de la Universidad a la hora del cambio.* Montevideo: Universidad de la República.

Rama, Ángel (1972). *Las voces de la desesperación. Marcha* (1586), 24 de marzo.

Rama, Ángel (1979). *Otra vez la utopía, en el invierno de nuestro desconsuelo. Cuadernos de Marcha*, segunda época, (1).

Rama, Ángel (1982). *La lección intelectual de Marcha. Cuadernos de Marcha*, segunda época, (19).

Rama, Ángel (1995). *La riesgosa navegación del escritor exiliado.* Montevideo: Arca.

Rama, Ángel (2008). *La tecnificación narrativa. La novela en América Latina. Panoramas 1920-1980*. Santiago de Chile: Universidad Alberto Hurtado.

Rama, Ángel (2015). *Martí. Modernidad y latinoamericanismo. Compilación de Julio Ramos y María Fernanda Pampín, estudio introductorio de María Fernanda Pampín*. Caracas: Biblioteca Ayacucho.

Rama, Ángel (2018). *La querella de realidad y realismo. Ensayos sobre literatura chilena*. Edición, presentación y notas de Hugo Herrera Pardo. Santiago de Chile: Mímesis.

Rama, Ángel (2021). *Las máscaras democráticas del modernismo*. Edición y prólogo de Hugo Herrera Pardo. Santiago de Chile: Mímesis.

Rama, Ángel y Candido, Antonio (2016). *Un proyecto latinoamericano. Antonio Candido y Ángel Rama, correspondencia*. Edición e introducción de Pablo Rocca. Montevideo: Estuario.

Rama, Ángel, Ribeiro, Darcy y Ribeiro, Berta. *Diálogos latino-americanos. Correspondência entre Ángel Rama, Berta e Darcy Ribeiro*. Organización, estudios y notas de Haydée Ribeiro Coelho y Pablo Rocca. São Paulo: Global Editora, 2015.

Rama, Ángel, Washington Buño y Rafael Laguardia (1968). *Proposiciones sobre política cultural autónoma*. Seminario sobre Política cultural autónoma para América Latina. Montevideo: Universidad de la República.

Texto Crítico (1985). Volumen dedicado a Ángel Rama, X (31/32).

Weinberg, Liliana (2005). *El año de la muerte de Rama. Iberoamericana*, 71 (211).

Bouchea copiapensis Cla.

SENTIDO E ESTRUTURA DE UMA CONTRIBUIÇÃO LITERÁRIA ORIGINAL POR UMA REGIÃO DO TERCEIRO MUNDO: AMÉRICA LATINA

Estas páginas se propõem a elucidar, estritamente, o que expressa o seu grande título: se existe ou se pode deduzir a possibilidade de uma contribuição literária original da América Latina para a Comunidade Mundial, e, em particular, para a europeia-ocidental. No caso afirmativo, qual seria seu sentido e qual seria sua estrutura interna?

Ao me propor a indagação, dou por compreendidas três séries de problemas: primeiro, que há uma unidade subjacente à pluralidade de culturas regionais da América Latina, que estabelece elementos comuns entre as invenções mexicana, do Tahuantinsuyo e do Rio da Prata, um pouco à imagem do que ocorre nos países europeus com suas formulações regionais ou dialetais; segundo, entendo essa originalidade não como mero repertório de temas e personagens que, por serem às vezes diferentes dos europeus, nos pouparia a análise, mas sim como criação das formas coerentemente desenvolvidas e imbricadas num fraseado histórico, em que temas, personagens, línguas e procedimentos se desdobram numa modulação orgânica: aqui importa uma concepção mental, uma interpretação do homem na história; terceiro, entendo a "literatura" numa perspectiva estrutural que vincula autor, obra, público e tradições, ou seja, entendo-a como um setor específico da cultura, e não como uma acumulação de variadas obras de arte.

É óbvio dizer que só se trata da demarcação de alguns problemas dentro de um diagrama operacional. É uma contribuição a um debate, e uma contribuição confessadamente provisória. Aceita-se, por conta de uma análise mais profunda, que a América Latina pertence ao terceiro mundo, com os problemas de subdesenvolvimento que a ele correspondem, não só no plano socioeconômico, mas também no da cultura onde repercutem, ainda que se reconheça que dentro dele há uma situação própria e que enfrenta um conflito interno particular.

Se considerarmos uma contribuição cultural, devemos começar por abrir o campo e abarcar a totalidade do fenômeno. Não podemos nos reduzir ao catálogo de nomes das histórias literárias e artísticas que abundam num continente já prolixo. Se poderá reconhecer que na América – como em outras regiões, mas aqui de forma especialmente acentuada – convivem duas culturas. Não uso a dicotomia no sentido de Engels, mas sim no antropológico. Uma cultura que chamaríamos de tipo tradicional, que é muito rica e engloba a maior população do continente. Ela pode ser caracterizada por vários traços: é popular; usa das línguas em suas formas mais vitais e criativas e por isso mesmo abunda nas formas dialetais; é acentuadamente conservadora; pratica as tradições orais; e tem uma orientação marcadamente normativa ou educadora. Às vezes roça ou descansa no folclórico. Nelas se conservam mais puros os

ingredientes das distintas culturas que formaram o tronco latino-
-americano, entretanto, governa também aqui a transculturação
operada pela inserção ibérica. Dentro dela se move, forma-se e se
acessa um acúmulo de valores – morais, sociais e estéticos –, que
é a imensa maioria dos homens do continente, seria possível falar
de 80% da sua população. Quero recordar que, neste manancial, foram forjadas criações artísticas marcantes, daquelas de mais difícil
trânsito para outras culturas: bastaria citar *Martín Fierro*. E agrega-
ria ainda, contestando o belo poema de Borges à morte de Laprida,
que é por isso mesmo que, a essa altura da nossa problemática,
podemos desconfiar de certas formas mecânicas e indiscriminadas
da alfabetização, sabendo que dessa cultura procedem enormes
benefícios para o desenvolvimento da sociedade latino-americana.
E ao dizê-lo creio não me esquecer de seus preconceitos regionais.

Outra é a cultura que chamaríamos de tipo urbano, de tendência cosmopolita, que usa preferencialmente uma língua disciplinada pelo estudo, que aspira com maior fervor à originalidade e
à novidade e que, por isso mesmo, estabelece seus módulos nos
exemplos estrangeiros que transpassa, seja num idioma diferente,
seja em novas situações. Essa que é a que normalmente se entende
por "cultura a secas", mas que desfruta de um raio de ação muito
reduzido; seu desenvolvimento e avanço parecem obedecer à lei
de Hegel sobre a compressão urbana como geradora de culturas
e, como é sabido, tem sido realizada em sua linha operadora por
Mumford. Seu perigo e a excessiva mimetização por toda a colônia não foram das formas espanholas que, de acordo com uma lei
interna, trataria de levar ao extremo: quer dizer, ela foi sempre

mais inovadora do que nas origens metropolitanas e acentuou os estrangeiros até o limite da exacerbação, ao desenraizá-los do seu contexto tradicional: por exemplo, o churrigueresco mexicano e a poesia de Sor Juana; que sirva de exemplo o Apolgético de Lunarejo que Menéndez Pelayo reconhecia como "uma pérola caída em um monturo da poética culterana"; por exemplo também, a reforma educativa do Rio da Prata nas proximidades da colônia, que ousaram mais, quanto à secularização da educação e à primazia concedida às ciências naturais, do que as universidades espanholas. Mas já estamos na época da Revolução Mercantil de 1810 e, de acordo com esse processo de deslumbramento com os produtos europeus, duas operações tiveram lugar que deveriam governar todo o século XIX: por um lado, o fato que os leitores de Rousseau e da Enciclopédia adotaram mimeticamente as formas de democracia burguesa recentemente descobertas pelos europeus – isso aconteceu primeiro nos Estados Unidos do que na América Latina –; e, por outro lado, estabelece-se a luta violenta entre a cultura urbana e a tradicional. Se *Periquillo Sarniento*, da Lizardi, no México, está mais próxima da cultura tradicional, a Elvira, de Echeverría, situa-se resolutamente na cultura urbana.

Ao longo do século XIX, a luta é feroz, alcança fórmulas enganosas e estereotipadas, como a que Sarmiento utiliza opondo "civilização e barbárie", quando a equivalência da civilização se encontra em seu famoso grito para os fazendeiros: "cerquem, não sejam bárbaros". Passados os anos, tornou-se evidente para nós que os melhores produtos artísticos eram aqueles que extraíam sua riqueza da fonte da cultura tradicional, incluindo o *Facundo* de

Sarmiento e, para dar apenas mais um exemplo, citaria a lírica de Martí, composta por seus versos simples. Digamos que funcionou, apesar da luta estabelecida, um certo equilíbrio de ambos os setores, e, pela mesma razão, que a literatura e a arte se transformaram nos sistemas de combate dos escritores, colocados a serviço de alguma causa popular, e daí reuniram muitos de seus inúmeros sabores próprios. Perto do século XX, a cultura urbana se impôs a galope, no triunfo dos cidadãos europeizados. "Buenos Aires, Cosmópolis", exclama, com admiração, Darío.

Cada uma dessas culturas tem suas elites correspondentes, entre as quais foi forjado um distanciamento cada vez maior. As macrocefalias das capitais geraram uma literatura e uma arte que estão se tornando alheias às criações da cultura tradicional. Por causa de sua complexidade estrutural e de sua permanente inovação, elas estão em pé de igualdade com produtos europeus, embora fiquem ainda atrás deles, mas com uma distância muito curta. Enquanto isso, as elites da cultura tradicional foram abandonadas e até esmagadas, na medida em que os novos instrumentos da educação de massa nas mãos dos cidadãos causaram uma distorção de seu conteúdo e de suas formas conservadoras. Esse distanciar-se, essa incapacidade de fecundação mútua, foi definido por Mannheim como uma ruptura no desenvolvimento, quando não se produziu o enriquecimento que gera a confluência de diferentes correntes.

O grito de Franz Fanon, "Abandonemos a Europa", não é nada mais do que uma frase. É impossível abandonar o que já está integrado, como estrutura mental e hierarquia de valor, à personalidade criativa. Esse martinicano carece de consciência americana e afirma uma deserção improvável, porque no final ele tem o eventual respaldo de uma tradição cultural não europeia, que assume racialmente: a africana negra. Ele joga a carta da raça que lhe foi imposta pelos europeus brancos – a negritude – porque, melhor ou pior, ela comporta uma tradição cultural autônoma. É o iníquo caso confuso em que se move a tentativa cultural dos países asiáticos e africanos, que, apesar de fazerem parte do Terceiro Mundo por razões socioeconômicas, diferenciam-se de nós, porque contam com suas próprias línguas, histórias, artes, literaturas, que são autônomas e cuja continuidade, apesar do fenômeno deformador do imperialismo europeu, tem sido garantida até hoje.

Não é o caso da América Latina. Nela concorrem três linhas culturais: uma autóctone, indígena (cujos expoentes máximos foram os impérios asteca e inca) e outras duas estrangeiras; uma, dominante, de origem hispano-portuguesa e – através dessa interseção motivada pela implantação dinâmica da burguesia renascentista – toda a cultura forjada na península europeia, desde as origens gregas até os dias de hoje; e outra, subjugada, a dos povos africanos escravizados, a polia do desenvolvimento do mercantilismo colonial. Por razões que têm a ver com a implacável exploração do indígena e do negro até o nível de verdadeiro genocídio, e por razões que têm pouco a ver com a América, mas sim com a revolução técnica da burguesia europeia no poder, a cultura ibero-europeia provocou o vazio americano, deslocando as culturas indígenas e africanas à zona do tradicionalismo e ainda do folclore, ocupando o centro sob a forma de um acrioulamento das formas e dos conteúdos originais.

Nem as culturas africanas têm possibilidade visível de desenvolvimento autônomo dentro do continente americano, nem as culturas indígenas podem cobrir o salto no tempo necessário para alcançar e superar as culturas europeias acriouladas. Elas têm ocupado a América e nela se mantêm solidamente. Tanto as primeiras como as segundas estão destinadas a morrer, e só podem inserir elementos próprios dentro dessa cultura europeia americana, ou ocidental ou atlântica, como preferir: é, para o africano, o exemplo da poesia cubana, de Martí a Guillén; é, para o indígena peruano, o romance indigenista em seus mais diversos exemplos e níveis: Jorge Icaza, Jesús Lara e também Ciro Alegría ou José María Arguedas. Arguedas ilustra melhor do que qualquer outro romancista, como na poesia, Nicolás Guillén, o fenômeno da transculturação, emergindo do tradicionalismo para a cultura urbana cosmopolita. No caso do Brasil – estudado por Gilberto Freyre –, não há melhor exemplo que o da criação musical.

Portanto, a Europa – e com ela se faz alusão a toda sua civilização – é impossível de abandonar: estamos diante de uma cultura atlântica, como Malraux gostava de dizer, e isso, no nível em que nos propusemos a examinar, ou seja, o da busca de uma possível contribuição cultural original, pareceria estabelecer um limite invencível. É possível fazer uma tradução ao crioulo, quando não ao folclórico, e essa tem sido a missão cultural que, por maior tempo e na forma mais equivocada, a Europa tentou designar ao continente latino-americano, como provedor de exotismo: algo assim como os bairros miseráveis de Nápoles, um lugar muito típico, com muita cor local, no qual ninguém quer viver. Correspondia a essa filosofia à época, ainda palidamente vigente, da exploração imperialista europeia, e não era raro que ela tenha sido assumida agora pelos Estados Unidos, ao substituir a Europa nessa tarefa.

O caso dos Estados Unidos serve para encarar uma primeira aproximação do problema. Em 1831, Alexis de Tocqueville foi conhecer a democracia americana e sua acusação de grosseria; e a mediocridade da cultura democratizada não condizia só com a opinião de um aristocrata que tinha adquirido a lucidez junto com a decadência, mas com uma realidade que comprovamos no estudo da época. O prodigioso desenvolvimento de uma sociedade dentro das coordenadas cada vez mais próprias, acelerando e aumentando a contribuição europeia, instaurando o modelo presente da "affluent society" [sociedade afluente], tem permitido a criação de uma cultura cuja originalidade é indiscutível, que vive na nostalgia das suas origens (James, Elliot, Pound) ou se entrega à dramática queda dentro de si mesma (Faulkner, Kerouac). Por esse caminho, todo o problema se manteria remetido à teoria do desenvolvimento econômico, e não é raro que ele tenha sido teorizado por um russo americanizado, Rostow, atual assessor da Aliança para o Progresso.

Não temos dificuldade em reconhecer as possibilidades de desenvolvimento no campo da cultura. Há um exemplo paradigmático: é a comparação com a Espanha. Em 1926, podia-se discutir se o paralelo cultural passava por Madri e Buenos Aires. A discussão já era ociosa e chauvinista, mas dentro do contexto linguístico é evidente que a contribuição do romance latino-americano do século XX é infinitamente mais rica, mais variada, mais original, do que os romances espanhóis do mesmo período, e no campo da poesia é possível manter uma comparação com a grande promoção espanhola, citando César Vallejo, a Carlos Drummond de Andrade, a Pablo Neruda. Não apenas a qualidade dos criadores americanos parece ser demonstrada, mas também, com respeito à Espanha, parece assegurada uma nota de inequívoca originalidade inconfundível.

Por esse caminho, iríamos a uma situação semelhante à dos Estados Unidos no que diz respeito à cultura inglesa e europeia em geral. Há muitos livros – romances, poemas, ensaios – de origem latino-americana que circulam em editoras europeias com aceitação normal, quando não entusiasmados, pelo público, que, se por um lado se surpreende com os elementos exóticos que estão de alguma forma implícitos – sejam as fantasmagorias de Borges ou os romances indigenistas –, ao mesmo tempo reencontram as formas e as estruturas narrativas ou poéticas que são familiares à sua cultura, que de alguma forma foram criadas em suas terras. Transferência mútua, integração cultural, na mesma medida em que se alcancem os níveis de desenvolvimento econômico e social que permitem estabelecer a mesma camada de gostos. Seria o triunfo definitivo das reduzidas elites urbanas, que se veriam reconhecidas e aceitas na Europa, ao mesmo tempo em que nos educados setores cidadãos da América.

Mas a história não se repete, e acredito que a função histórica da cultura latino-americana está em outro lugar, em outra perspectiva histórica. Nosso continente tem experimentado duas grandes convulsões nos últimos dois séculos, que tiveram suas repercussões, como é lógico, sobre todas as formas de vida social, e, dentro delas, sobre a cultura: um é o movimento de emancipação de 1810, que abre a porta para a possibilidade e o desejo de uma cultura nacional, tratando-se do manifesto americano de Bello, mas também, acima de tudo, da incorporação, como participante da vida cultural, de um número crescente de homens que se afastam da vida rígida e seletiva do vice-reinado, destruindo as formas de uma arte cortês e sacralizada e trazendo com um acento populista, muito marcado no início, uma cultura secular, crítica, burguesa; o segundo movimento começou no final do século XIX e, para lhe dar uma data de surgimento, em 1910, não só porque era o ano da Revolução Mexicana, mas também porque, ao mesmo tempo, em outras partes do continente, houve uma transformação manifesta da vida social, especialmente nos países do Cone Sul, onde o Alessandrismo, o Irigoyenismo e o Batillismo no Chile, na Argentina e no Uruguai são indicativos do alargamento da base popular, seja porque apelam para as reivindicações da enorme massa de imigrantes que têm sido despejada na América desde 1880, ou porque são o resultado do processo de uma camada intersticial, a classe média, que aos poucos entrou no México sob o Porfiriato. Estamos no que o sociólogo americano Johnson chamou de a "revolução das classes médias", que significou um avanço na democratização da América Latina e que, simultaneamente, deu origem à enorme geração dos criadores da época, os regionalistas, muitos dos quais ainda estão vivos hoje, como Eustasio Rivera, Rómulo Gallegos, Martín Luis Guzmán, Manuel Rojas, Manuel Gálvez, Graciliano Ramos etc., etc.

É a primeira geração a realmente ingressar na Europa; alguns de seus títulos foram publicados pela primeira vez na Espanha e muitos foram traduzidos em diferentes idiomas, já que, em compensação, Rubén Darío esteve em Paris e ninguém reconheceu seu incrível gênio poético. A ampliação da base popular, sua capacidade de lidar dinamicamente com o desenvolvimento cultural, aplicando-se ativamente às formas educacionais, seu contato com a cultura tradicional, elevando-a e transformando-a dentro dos módulos da cultura urbana, permitiu um desenvolvimento ativo da literatura e da arte, tão intenso, nutrido e acima de tudo orgânico, como não tinha acontecido em todo o século anterior de vida independente. Suas consequências duram até os dias de hoje, e podem ser sentidas na contribuição cultural vital, no novo alcance que os livros têm tido sobre um vasto público. Sociologicamente é o movimento cultural mais rico que a América Latina já teve, o estabelecimento orgânico de uma literatura e de uma arte; se agora podemos discordar de muitos de seus aspectos estéticos, não esqueçamos que esses aspectos igualmente se distanciam, com o passar do tempo, do que entendemos hoje como o mais perfeito. Não deixemos de considerar, além disso, o profundo sentimento americanista que distinguiu todo o movimento, apesar das diferentes formas que tomou, dependendo da região: porque o americanismo que Rivera reivindicou para os seus murais era o mesmo que Joaquín Torres García reivindicou para os seus, ainda que os produtos fossem muito diferentes, e neles incidissem as zonas gravitacionais de diferentes culturas nacionais e estrangeiras.

Mas aqui não termina o processo. A América Latina está à beira de um novo movimento de renovação, que mais uma vez ampliará poderosamente a base popular de suas sociedades e tende a ampliar os benefícios da cultura. Não se trata de profecias, trata-se simplesmente de registrar situações, enumerando dados e cifras. Nos últimos dez anos, a América Latina tem visto uma vertiginosa depreciação das matérias primas que produz e, ao mesmo tempo, tem visto quadruplicar os preços dos produtos fabricados que precisa importar, ou seja, viu-se forçada a trabalhar pelo menos quatro vezes mais para obter a mesma renda que antes. No entanto – segundo dados da CEPAL –, o aumento de sua renda nacional não excede uma média de 2.5% por ano (enquanto a França teve 7% no ano passado e a Alemanha, 8.4%). Em outras palavras, há um processo evidente de pauperização. Isso se agrava dramaticamente, porque a América Latina é a região com a maior taxa de crescimento demográfico do planeta, superando as conhecidas e sérias situações dos países da Ásia. Estimativas atualmente colocam-na em 4.2%.

De acordo com dados do Bureau de Investigações Demográficas dos Estados Unidos, a população da América do Sul, e somente da América do Sul, que atualmente é de 121 milhões, será, daqui a quinze anos, de 242 milhões, ou seja, terá dobrado até 1980. Quem conhece a fome, a miséria e o analfabetismo que reina na maioria dos países da América Latina sabe que essa situação, independentemente de qualquer interpretação de ideologias que voluntariamente não desejei fazer para me limitar aos fatos, anuncia tempos conturbados: em poucas palavras, anuncia uma Revolução.

A América Latina é uma terra colonizada, tanto no sentido econômico, político e social, como no sentido cultural que lhe está ligado, que foi o trabalho da religião, que foi o trabalho do liberalismo burguês, das ideologias importadas tal como o são as que acabam de incidir atualmente sobre o continente: o marxismo em Cuba e a democracia cristã no Chile e, parcialmente, no Peru. A América não gerou ideologias específicas, originais, como a tentativa infrutífera do APRA, mas sim recebeu estruturas ideológicas europeias, adequando-as mais do que bem à sua realidade. Isso também faz parte do processo de colonização, mas não seria compreendido se não se observasse o funcionamento dialético em que o povo colonizado se move em relação a seus colonizadores: as armas de fogo foram trazidas pelos espanhóis e com elas derrotaram os indígenas, até o dia em que seus descendentes se voltaram contra eles e os expulsaram. Um continente colonizado é necessariamente herdeiro de uma cultura, nesse caso, de uma das 21 listadas por Toynbee, a qual tem se mostrado uma das mais dinâmicas e inventivas do planeta, a ponto de alcançar o raio planetário em muitas de suas formas. O mundo medieval também herda o mundo greco-latino, absorve – para usar a terminologia toynbeana – algumas de suas heresias e as desenvolve contra o mundo em que se formou.

O terceiro mundo é a síntese que gerou o mundo da cultura europeia, não mais o continuador de seus modos liberais, como eram os Estados Unidos, mas sim o oponente secreto, ou, num certo modo, o realizador de algumas aventuras espirituais mais aparentemente ilusórias. Por causa dessa tendência normal dos homens em reconhecer apenas o melhor de si mesmos, é comum que os europeus, diante dos americanos, assinalem o seu maravilhoso trabalho civilizatório e esqueçam outros aspectos menos decorosos de sua história: por exemplo, que o genocídio foi inventado pela cultura europeia já no século XVII, com o tráfico de escravos negros, e o levou ao seu auge no século XX no estado mais desenvolvido, industrial e culturalmente, da Europa, a Alemanha, um dos líderes da civilização ocidental; que, em questões de tortura e crimes, a Rússia de Stalin ou a Espanha de Franco não têm nada a invejar de nossos Trujillos, Somozas ou Stroessner. A América Latina, espelho da Europa, assume o quadro completo e, de certa forma, oferece-o, em sua totalidade, para que se reconheça nele. Seu esforço histórico tem sido precisamente para eludir esses componentes do quadro original que os melhores homens da Europa nunca deixaram de combater, ainda que muitas vezes fossem derrotados por forças mais poderosas do que eles mesmos.

Assim, para falar em termos de ética, a chave para a atitude do intelectual americano tem sido a consciência anti-imperialista, desde suas origens no movimento de independência até os dias de hoje. E ele sempre a expôs no mesmo verso: "com os pobres da terra quero jogar a minha sorte". Mas ninguém luta com seu inimigo sem aprender constantemente com ele, sem tentar extrair dele o maior conhecimento para aplicá-lo contra ele. Desse modo, desenvolveu-se a atitude anti-imperialista do intelectual americano, não apenas copiando, mas buscando a fórmula secreta que permitiria inverter o sinal do que foi copiado ou aproveitado, e geralmente o encontrava nos elementos antitéticos que apareciam na Europa. Uma espécie de moral brechtiana, se preferir.

Para usar a frase de Pascal, "Estamos todos envolvidos". Quero dizer, um escritor, um artista, não são mônadas fechadas, mas sim vivem no mundo das realidades angustiantes que os rodeiam. E, dentro deles, operam sua escolha sem aspirar à inocência ou ao puritanismo, sabendo-se que são lamacentos. Deslizando-se na lama, trabalhando em condições precárias, alguns, mudando de país com mais frequência do que mudam de sapato, construíram, com essa mesma lama, uma estranha mitologia cultural.

Há dois pontos que me parecem evidentes em uma perspectiva global da cultura americana:

1) que a América Latina sempre se curva para a antítese gerada dentro de sua própria cultura europeia, desenvolvendo-a como princípio normativo de valor indiscutível e sujeitando-a ao processo de acrioulamento. Primeiramente, é a revolução burguesa que lhe dá origem como uma entidade independente, juntamente com os valores culturais que carrega; em segundo lugar, é durante o processo de colonização econômica no último terço do século XIX que, por um lado, permitiu a estabilização e o enriquecimento dos impérios europeus (inglês, francês e depois americano), o desenvolvimento de uma consciência nacional nos setores médios da sociedade latino-americana, com a soma das massas de imigrantes dos estratos mais baixos da sociedade europeia que, ao longo do caminho latino-americano, ganhou acesso ao que lhes foi negado em suas pátrias, vida e cultura; trata-se, nessa iminência revolucionária em que vive a América Latina, da instauração de um modo ou de outro, com variantes regionais e em graus variados, com ou sem sangue, como alguns dizem, de formas econômico-sociais de tipo socialista.

2) Estes movimentos, na medida em que ampliam a base popular de uma sociedade e estabelecem a mútua fecundação das

diferentes culturas, operando o entrosamento das elites correspondentes, são os que instauram a possibilidade de uma cultura original. Estamos fazendo uma abordagem sociocultural geral e demoraríamos muito tempo para aplicá-la pormenorizadamente à literatura e à arte. Mas compreendendo-a, como notamos no início, em um sentido estrutural, como um setor de cultura no qual se entrelaçam o autor, a obra, o público, as tradições nacionais e estrangeiras, poder-se-ia talvez datar por volta dos anos 1910 a 1920 a primeira criação autônoma de uma literatura latino-americana, na mesma medida em que a réplica regionalista desses anos opera sobre os conteúdos e formas que a cultura modernista urbana havia criado de 1895 a 1910, por meio da esforçada imitação dos modelos europeus. Ou seja, pela primeira vez, um público que atende a essa produção, que se sente compenetrado com o trabalho de seus escritores em cujas obras se vê representado em uma determinada conjuntura histórica. Esse é o primeiro momento de expansão cultural, cuja força tem se enfraquecido nas últimas duas décadas, quando volta a aumentar o distanciamento das duas culturas e a separação das elites correspondentes. Mas essas elites, especialmente as urbanas, que geraram a literatura de um Nicanor Parra, de um Carlos Fuentes, de um Julio Cortázar, de um Ernesto Cardenal, de um Mario Benedetti, não operam como as elites urbanas do modernismo, nem aspiram a um exotismo de bazar, ainda que fosse o mais luxuoso e admirável bazar, mas sim criam e vivem na preocupação de uma aflitiva realidade americana. Elas elaboram uma arte de formas cosmopolitas, de preferência tomadas da Europa e dos Estados Unidos, tal como é seu destino histórico, mas que incidem sobre a realidade americana, com uma nítida consciência da iminência transformadora do continente. É óbvio que essa transformação, como nos casos anteriores, irá gerar uma nova forma cultural com um raio mais amplo e permitirá o ingresso de novas e ricas contribuições da cultura tradicional; para alguns, demasiado apegados à moda da cultura urbana, pode parecer um retrocesso, como sem dúvida pareceu o regionalismo aos modernistas.

Por último, digamos que esse processo ocorre em um novo momento da história humana: quero dizer, que surge ou surgirá no momento em que o campo operacional do escritor e do artista não será mais apenas a civilização atlântica, mas, devido à nova reordenação planetária dos problemas sociais, trará regiões de cultura imprevistas para nosso esquema. Basta pensar nos dez mil jovens latino-americanos que neste momento estão estudando em países socialistas, dentro de tradições culturais que nunca tocaram nosso continente antes, e que pouco têm a ver com o estereótipo familiar da civilização ocidental e cristã; penso nos novos laços que têm sido estabelecidos com a África negra ou muçulmana; penso nas novas presenças asiáticas que estão atualmente incidindo, especialmente no lado chinês, com particular intensidade, na América Latina. Mesmo todos aqueles que acreditam que compartilham o mesmo credo, o Marxismo, não parecem suspeitar até que ponto essa ideologia é tingida por elementos nacionais em cada um dos países onde é imposta, e até que ponto é afetada pelas culturas tradicionais e pelas formas econômicas de seus graus de desenvolvimento.

É a partir dessa nova perspectiva, dessa situação, que penso que podemos falar, além das formas culturais geradas pelo desenvolvimento urbano na imagem, semelhança ou rivalidade dos europeus, de um sentido original da cultura latino-americana. E penso que ela será totalmente possível, como foram as culturas nacionais europeias que foram forjadas ao longo da Idade Média, na medida em que se estabeleça uma estrutura coerente, que vincule diferentes elementos em uma unidade dinâmica, projetada a um consumidor cada vez mais abrangente e preparado.

Sluganea glandulosa Walp.

Mf. Riocreux pinx   *Noël sculp.*

DEZ TESES SOBRE INTEGRAÇÃO CULTURAL DA AMÉRICA LATINA A NÍVEL UNIVERSITÁRIO

INTRODUÇÃO

Deve haver poucos assuntos no nosso campo cultural tão urgentes e ao mesmo tempo tão conflituosos como o estudo teórico e a subsequente planificação prática de uma integração da América Latina a partir do ângulo das organizações universitárias.

Sobre os velhos e já seculares problemas do continente – os da sua desintegração cultural a partir das desintegrações políticas e econômicas que levaram à sua balcanização – se sobrepõem os novos, derivados das cada vez mais difíceis relações das Universidades com o meio social a que servem; O pano de fundo de tudo isso é uma remoção social alcançada pelas instituições educativas, ocorrido porque já havia afetado, previamente, a comunidade latino-americana inteira.

Mas nem uns nem outros descartam, mas sim impõem, a consideração de uma abordagem integradora. Isso não é novidade: reconhece-se uma grande tradição intelectual que assinou a cultura hispano-americana desde a independência, manifestando-se no âmbito universitário de modo ativo a partir do nosso século dentro do movimento reformista que, por obra dos ascendentes setores médios, transformou a Universidade positivista do século XIX. Um dos episódios chave, talvez o de maior influência continental, foi o da reforma da Córdoba. O princípio de participação constante na vida cultural da sociedade é um dos postulados que a Universidade latino-americana atual recebeu daquele movimento reformista. Da mesma forma, o princípio de integração cultural é inerente à América Latina e a rege, desde que ela existe, como uma aspiração através da voz de seus intelectuais.

A reiteração de tal aspiração, que por muito tempo pertenceu ao repertório de ideias dos universitários – em particular dos estudantes – padeceu frequentemente da retórica das celebrações, mas ela tem, agora, uma conotação urgente e, ao mesmo tempo, um afã de realização concreta. Se, por uma parte, isso comprova que tínhamos alcançado o plano da encarnação de algumas velhas ideias animadoras, por outro lado, aponta para a instalação das sociedades que geraram em outro nível de sua evolução, dispondo de maiores recursos e de autoconfiança. Simultaneamente, isso delata a agonia dos conflitos que acompanham as transformações do corpo social.

As proposições culturais têm uma vida e história próprias: suas conjunturas permitem ler os problemas que vivem seus proponentes e, na medida em que elas são lúcidas testemunhas do seu tempo, são aquilo que rege a sociedade. Quando recuperamos um tema tão antigo à nossa consideração de homens atuais, fazemo-nos porque essa atualidade o reivindica, mas, como acontece sempre na história humana, isso é feito ambiguamente, usando as mesmas formas para diversos significados, tal como foram convocadas as as possibilidades polissêmicas da língua para criar o bosque dos enganos. Por isso, as demarcações são aqui obrigatórias, assim como as considerações prévias e a colocação pormenorizada das questões.A proposta de uma integração cultural ao nível universitário resulta num anel que enlaça várias problematizações, as quais, longe de terem se aproximado de uma solução, encontram-se no período de agudo debate das propostas enfrentadas. Essas problematizações poderiam se repartir e se ordenar entre as duas zonas que um projeto dessa índole vincula: de um lado, a sociedade latino-americana e, de outro, as universidades latino-americanas. Mediante um plano de serviço cultural generalizado, a Universidade podia salvar, ao menos parcialmente, seu atual isolamento em relação ao meio e o seu conflito com os poderes, encontrando o caminho de um serviço cabal para a comunidade.É de sobra sabido que tanto a sociedade como a Universidade se encontram em um período de vivo questionamento pelos diversos órgãos sociais e estamentários que as integram e que, se já estão em debate algumas formas transformadoras, maior é a insatisfação geral que causa a situação atual. Nessa crise, sobrepõe-se uma crise de tipo ecumênico, que sacode o mundo contemporâneo, com outra mais específica, que tem a ver com as realidades latino-americanas, suas contradições tradicionais que se tornaram mais agudas, ainda que ambas as crises estejam, em última instância, envolvidas. A partir do seu consolidado estado de dependência, a América Latina faz frente à aceleração histórica que vive a sociedade tecnológica nos seus centros universais, remetendo a épocas arcaicas que intensificam essa mesma dependência, ainda que as buscas não tenham encontrado as formas de sua transformação liberadora.

É impossível desconhecer esse questionamento, quando se encara o tema da integração cultural ao nível dos instrumentos e dos grupos universitários latino-americanos, porque, caso contrário esvaziaríamos essas palavras de conteúdos reais, manejando-as como ligações de um discurso retórico. O problema começa quando nos perguntamos: qual integração aspiramos realizar? De que cultura? Entre quais grupos sociais? Com que instrumentos? Em que universidades? Com que organização e com que planos de futuro? Com a reivindicação de participação de quais setores? Manejando quais ideologias?

Provavelmente seria fácil abordar o tema numa época uniforme, de pares ou similares estruturas universitárias, correspondentes a niveladas sociedades enfrentadas a paralelas instâncias de avanço social. Não é o caso atual e, na verdade, nunca foi o caso na América Latina, onde todo plano generalizado não só deve ter em conta a conflitualidade em que vive a organização social e, portanto, seus institutos educativos, mas também a variedade e multiplicidade das áreas culturais e as distâncias – que parecem eras geológicas – entre os distintos agrupamentos humanos: porque tanto os latino-americanos são os estudantes da Universidad Autónoma de México como os índios dos "ayllus" cusquenhos; os portenhos de uma cidade euro-americana ao sul do continente como os camponeses que ingressam em Cuba à modernidade através do socialismo; os jíbaros porto-riquenhos submetidos a uma civilização de comerciantes ou as vastas comunidades analfabetas que seguem vivendo no nordeste brasileiro dentro de culturas de tradição oral.

A variedade é tão grande, os problemas aparentemente tão dissimiles, as singularidades históricas tão marcadas, os conflitos tão exacerbados, que pareceria de antemão impossível formular uma concepção coerente que pudesse interpretar isso que não parece um continente, mas sim uma constelação no instante em que emerge no cosmos com todos seus fogos. De fato, não nos propomos senão a uma aproximação ao tema, que se aloja de forma cortês e restrita a uma "contribuição", ajudando a revelar uma problemática que exige múltiplas análises e a concorrência de estudiosos de variadas disciplinas numa tarefa ininterrupta, experimental, prática, que vai aproveitando-se da incessante lição dos feitos para estruturar uma doutrina.

INTEGRAÇÃO CULTURAL

O princípio de "integração cultural" data, dizíamos, da *desintegração* da unidade colonial no período das guerras de independência e se pode pensá-lo como uma resposta justa à fragmentação que se operava dentro da imposta unidade colonial de que se partia: como resgate da tradição formativa, mas também como expressão dos projetos universais que implica uma revolução no seu ciclo burguês. Ao mesmo tempo, testemunha-se duas operações paralelas e adversas: o fracasso da cultura espanhola do século XVIII para gerar poderosos aglutinantes culturais que sobreviveram à ruptura administrativa e à ação positiva, desagregadora, dos impérios (França, Inglaterra) para acentuar a balcanização.

Isso ocorre na América Hispânica que é uma das duas metades que compõem a América Latina. A outra parte é o Brasil, que salva a sua unidade territorial evitando a fragmentação, com a qual consegue uma base mais firme que a América Hispânica para cumprir uma integração cultural própria e lançar as bases de uma cultura nacional autônoma, coisa que alcança mais tarde que a parte que fala espanhol do continente. Não para por aí a variedade de regiões e de subculturas que permitem traçar o mapa do Brasil, pois existe uma religamento e uma interpretação global desenvolvidos por suas elites intelectuais que mantiveram um contato vivificante com as expressões populares. A unidade linguística dentro de uma só fronteira favoreceu a integração cultural, confundindo-a com uma integração nacional. Como contraste e compensação, isso levou ao isolamento em relação à América Hispânica: referindo-se ao Brasil, mais que de integração com a América Hispânica, deveremos falar por um tempo, talvez grande, de intercâmbios culturais, sem minimizar o fato de que podem se aplicar ao país as conotações gerais que atribuímos aqui ao projeto de integração.

Outra é a situação da terceira cultura latina de "Nossa América", a que lida com a língua francesa. Se, por um lado, enquanto língua de cultura, funcionou como o principal veículo formativo do continente ao longo de um século, cumprindo uma indireta tarefa integradora, nos casos de aplicação concreta (Haiti e as províncias francesas, Martinica, Guadalupe etc.), e talvez por atuar sobre isolados conglomerados sociais, extraiu-os da comunidade americana, vinculando-os aos centros europeus. Essa vinculação deu passo posteriormente, de forma parcial, para uma recuperação das tradições culturais centro-africanas (a obra de Fanon, de Césaire, de Alexis etc.), ainda que a partir de um certo enfoque francês (o conceito de Negritude). E só muito recentemente as sociedades latino-americanas ascenderam, por esse caminho e pela influência cubana, a uma reintegração de tipo político-social revolucionário.

Visto que o conceito de integração tem uma primeira acepção, que é a de "reintegração", de recuperação de uma unidade perdida, de retorno revolucionário à associação[mancomunidad] da qual se foi expulso, comprovamos inicialmente que esse sentido só cabe à zona hispano-americana, onde é algo maior do que um problema: é uma nostalgia incessante, quase uma enfermidade. Por isso as referências centrais, ainda que sejam feitas em nome da América Latina, tocam primeiro a situação da América Hispânica, onde tudo tem uma nota mais urgente. Em uma segunda acepção, o conceito de "integração" abarca a totalidade das culturas "latinas" que selam o continente, e nesse sentido conflui a um futuro, não a um passado, à consumação de um projeto intelectual que busca aglutinação de zonas afins por razões ideológicas, políticas e econômicas, mais do que estritamente culturais – no sentido restrito do termo –, com o que se aponta a uma instância mais distante, a um ideal de lenta e progressiva encarnação na história. É difícil pensar a eventualidade dessa "integração" futúra sem que ela passe por uma prévia modificação radical da estrutura social e pelos fermentos universalistas que tal transformação revolucionária implica, colocando por cima das habituais forças localistas outras forças de sentido contrário, que, solidariamente, façam a associação de diversos povos hoje tão ferozmente embutidos nos nacionalismos.

O princípio da "integração cultural" admitiu, ao longo dos longos cinquenta anos de vida independente, ao menos três momentos ótimos, recolhendo em cada um distintas circunstâncias de um processo de avanço interno das sociedades hispano-americanas, que era de ampliação de recursos e de democratização. Todos os três respondem às etapas de uma afirmação de soberania enfrentada e avivada por ação contrária, externa, tentando violá-la, ação que se singularizou por ser sempre um intervencionismo de tipo imperial, ainda que fossem adotadas, ao longo desse extenso período, diversas formas que não mudaram sua essência e propósitos, mas que o apresentaram como direta ingerência militar, como distorção política ou como coerção econômica.

À primeira afirmação de integração, que se faz no mesmo momento das guerras de independência contra o império espanhol e que tem em Bolívar seu claro expositor – reivindicando uma cultura incipientemente própria, acrioulada, junto a um ideal de liberdade política que unificaria todos os povos do continente –, sucede uma segunda afirmação no períodos de fim do século XIX, em que a América Latina é incorporada ao sistema econômico das potências europeias e em que os Estados Unidos reitera o imperialismo agressor direto. Esse período se centra em torno da data trágica de 1898, que aviva uma consciência de integração cultural de todos os homens de "Nossa América", através do pensamento de quem com maior agudeza viu o futuro: José Martí. Ele propôs e exortou amorosamente aos hispano-americanos para que aprendessem logo a se conhecer e a se aproximarem, a tempo de desenvolverem suas riquezas para respaldar uma cultura própria com força real e eficaz.

O terceiro período corresponde à nossa contemporaneidade e é uma resposta cada vez maior às taxas econômicas de tipo imperial das quais sofre o continente, que consolidam as desigualdades sociais e negam acesso à cultura à maioria das populações. Centuplicou a violência da resposta que se manifesta em múltiplas áreas que só aparentemente estão desligadas: econômicas propriamente ditas, artístico-culturais, políticas e sociais. Múltiplos índices dessa conduta podem ser enumerados: a afirmação de uma soberania que se estende, por irrenunciáveis princípios, a todas as riquezas do subsolo e aos mares adjacentes; as primeiras negociações de pactos econômicos regionais (centro-americano, andino); a valoração de um acervo cultural que adquire esplendor na obra de seus poetas e romancistas.

Dentro desse processo, coincidem em algumas ocasiões setores de uma burguesia que pretende seguir sendo nacional e independente (isso tem sido teorizado no México e, mais recentemente, com ímpeto de descobrimento inicial, ainda não marchetado, no Peru) juntamente com classes trabalhadoras que reivindicam seus direitos e que, por sua emergência sobre o momento histórico, sublinham os valores nacionais da cultura hispano-americana, o que faz fortalecer a procurada intercomunicação do continente, passo prévio indispensável de toda "integração cultural".

Se essas três instâncias esclarecidas ao longo de cento e cinquenta anos interpretam cabalmente o devir da substância latino-americana, conferindo-nos, por sua reiteração, uma imagem convincente da sua intra-história, podemos concluir a acepção de uma primeira tese sobre o ponto:

1 – TODO PROJETO DE INTEGRAÇÃO CULTURAL LATINO-AMERICANA TERÁ SEU CENTRO DE GRAVIDADE EM UMA CONCEPÇÃO ANTI-IMPERIALISTA, QUE É A FORMA MILITANTE EM QUE OS POVOS DA REGIÃO REIVINDICAM SUA IDIOSSINCRASIA.

DOIS

A afirmação da cultura nacional num determinado momento da evolução social configura a reivindicação da herança acumulada, quer dizer, de um passado onde se foi depositando, em formas, sua criatividade. Mas tanto pode mostrar vitalidade, contribuindo com novas elaborações no presente, como também ser, depois do enganoso brilho do idiossincrático, uma simples soma de materiais congelados, rastros de criações autênticas cujo período de virtualidade foi cancelado. Esse caso de herança cultural ineficaz é o do costumeiro superficial ou das expressões convencionais do folclore, invejosos guardiães de uma tradição morta. Em geral, corresponde a todas as remanescências de uma concepção conservadora, quando não arcaizante, da cultura.

Por isso, a reivindicação da cultura regional latino-americana, fundamentando sua peculiaridade histórica, não é suficiente para interpretar as demandas das sociedades do continente, ainda que seja, certamente, uma cabal intérprete de um dos seus elementos que diríamos de base – a identidade –, sem o qual seria muito difícil a coerente unificação de uma sociedade para acometer empresas coletivas de envergadura. O princípio de identidade gira sobre, ao menos, dois eixos. O primeiro eixo é o já citado: a conservação de uma herança cultural na medida em que ela segue alimentando o apetite de uma comunidade, conferindo-lhe assim uma unificação por obra do religamento a um passado comum e graças à permanência ativa de um "corpus" doutrinário, por impreciso ou antigo que seja. Outro eixo é o que tem a ver com a capacidade para gerar projetos sociais em resposta às *necessidades urgentes* que experimenta uma cultura; a invenção de tais projetos, sua difusão crescente e sua colocação em prática, mobilizam as energias integradoras e redescobridoras da identidade social dos membros de uma comunidade. Como é sabido, a identidade estabelece o passado e mais fortemente o futuro em comum.

Esse capítulo, o das necessidades urgentes, tem hoje tanta ou mais força sobre a consciência dos homens latino-americanos que é representado pela bagagem cultural recebida, o que explica que o destino da sua cultura está quase sempre posto em nossos dias sobre a órbita da política. O fenômeno da exposição das condições de existência das zonas culturais mais próximas da Europa e dos Estados Unidos – para maior irrisão, sendo parcialmente alcançada graças ao sacrifício de um enorme terceiro mundo colonial ou neocolonializado – só tem sublinhado e até conotado eticamente a precariedade dos recursos em que se movem os quase trezentos milhões de latino-americanos. Daí que a defesa de um patrimônio vem acompanhada da busca, torpe, mas beligerante, dos instrumentos, mecanismos e formas da modernidade. Demasiadas vezes, é verdade, foi feito como mera transferência de sistemas, indiscriminadamente, o que não fez senão sublinhar a urgência com que tem estabelecido essa incorporação na estrutura tecnológica do mundo desenvolvido.

O conceito de modernização começa por eludir os sistemas econômicos descobertos pela sociedade burguesa europeia, graças aos quais ela alcançou seu conhecido predomínio universal. Sobre eles se instala e se desenvolve uma cultura que foi objeto de severo questionamento, por seu caráter alienante, desde diversos ângulos – político-sociais, estritamente sociológicos, religiosos –, sem que tais críticas tenham elaborado uma fórmula substitutiva, mas sim introduzido correções – a propriedade das forças de produção, a inserção de uma moral, a acentuação do finalismo religioso – ao seu funcionamento, mantendo, portanto, as bases industriais e técnicas que a tem tornado possível, hoje universalmente exaltadas, talvez com excessiva confiança e imprudência.

Essa cultura vem modelando a América Latina desde as origens e em cada nova instância de seus desenvolvimentos universais: já nas suas raízes expansivas renascentistas, já nas suas proposições burguesas revolucionárias, já na sua expansão econômica imperial, já nas teorias e aplicações do socialismo científico. A esse ingrediente, que chamaríamos de cultura adquirida, mas suficientemente integrada, a fim de o considerarmos como um definidor da América Latina que corresponde à sua antecipada incorporação à modernidade, podem se somar outros que não fazem senão sublinhar a intensidade com que se tem inserido por esse canal: o apagamento das culturas indígenas, quando não sua destruição, assim como o debilitamento das raízes africanas das coletividades negras, substituídas pela cultura mestiça do continente: o êxito mundial da tecnologia que, por ter se transformado no meio de dominação e de operação cultural, impõe uma réplica em seu próprio terreno com a finalidade de salvaguardar o elemento de identidade cultural mencionado; as possibilidades – miraculosas na imaginação muito mais do que na realidade – oferecidas por essa mesma tecnologia para solucionar as carências das quais padece a sociedade latino-americana, vendo-se que ela é o instrumento que faz das riquezas inexploradas do continente o futuro de melhoramento coletivo sonhado.

O afã de modernização tornou-se um dos meios privilegiados da integração, posto que na hora atual transita através da formação de mercados econômicos supranacionais (tanto de consumo como de produção, que é harmonicamente distribuída entre as partes negociadoras num primeiro passo para a integração econômica), única maneira de enfrentar as poderosas ligas dos países europeus e dos centros industriais do mundo contemporâneo. Portanto, se tem constituído, na primeira contribuição concreta, um processo de integração latino-americana ao determinar os pactos regionais (centro-americano, andino, por excelência) sem os quais não é pensável uma real integração cultural, ainda que ela seja, ao mesmo tempo, uma alavanca essencial deles.

Entretanto, convém destacar a dualidade do comportamento desses mercados ampliados: os interesses econômicos das empresas ou conglomerados estrangeiros são os primeiros a reivindicar, para o cumprimento de seus fins, as integrações econômicas por zonas; ao mesmo tempo, elas correspondem aos esforços dos países que defendem a nacionalidade de seus investimentos (Peru) e, por último, de forma mais ampla, também respondem aos propósitos expansivos de toda economia estatal ou socializada. Esse dilema interpretativo de um mesmo fenômeno econômico talvez possa ser resultado do processo paralelo de uma integração cultural que, no campo das ideologias e dos valores superiores, soube optar por uma das soluções. A adesão ao princípio de modernização, então, não deixaria de comportar prévias condições que precisariam melhorar seu alcance e significado.

Se simplesmente enunciássemos as vantagens da modernização, limitar-nos-íamos a validar uma situação já existente, porque foi assim que os historiadores pudicos chamaram a incorporação da nossa América, no século XIX, à órbita imperial europeia e norte-americana. Tratar-se-ia da mera intensificação de uma linha de comportamento que, junto a notórios benefícios, deu-nos a exploração econômica e, culturalmente, a imitação passiva dos produtos estrangeiros. Seu prolongamento invariável só pode nos proporcionar aproximações desbotadas, cópias mais ou menos habilidosas das produções intelectuais e artísticas, quando não dos costumes e das efêmeras modas dos centros industriais do mundo atual, mas não a cultura original que cremos possível, a que tampouco imaginamos no acantonamento defensivo provinciano.

Cabe precisar que os perigos de alienação e de mimetismo assinalados não correspondem à evolução modernizadora de uma cultura, mas sim ao canal e à atitude pela qual se produz. Se se trata do regime de dependência, a cultura se oferecerá como expressão de uma direta e unilateral penetração estrangeira, como um sistema de adequação a métodos e valores impostos, como uma contribuição à sua mecânica espoliadora; e, em qualquer caso, resultará um adorno, ou seja, um adendo sobreposto a uma comunidade, e não a emancipação de sua vida e sua paixão autênticas.

Tal não tem sido a função modernizadora nas culturas dos países europeus desenvolvidos, em que tem atuado sobre o pano de fundo e a herança dos valores nacionais ou regionais, conferindo-lhes novas expressões que seguiram sendo autênticas, como antes, manifestando uma particular inflexão das sociedades que canalizam. Também tem proporcionado as necessárias correções aos erros de base da modernização, tratando de evitar as distorções que suas formas do século XIX acarretaram aos valores consoldados na sociedade. Diferentes são, pois, os efeitos de um processo de modernização quando ele surge dos impulsos inventores e livres de uma sociedade ou quando se manifestam em sociedades dependentes; aqui funciona só superficialmente e desfigura a própria natureza.

Mas, liberado ainda da sujeição externa, um processo de modernização tem implicações específicas, como a racionalização das formas naturais e a homogeneização de uma sociedade dentro de regimes normativos, que não deixarão de resultar-se muito agressivos na área latino-americana. Pelo menos, mais do que pensamos está ocorrendo hoje na cultura da Europa ou dos Estados Unidos; dado que na nossa região, mais do que nas citadas, sobrevivem numerosas formas culturais regionais, às vezes enraizadas nos termos provinciais e até paroquiais. O perecível de qualquer uma delas é um óbvio empobrecimento da multiplicidade criadora dos seres humanos, do qual padecerão dolorosamente seus membros. A infeliz polêmica Cortázar-Arguedas de uns anos atrás não fizera senão tipificar a desconsolada percepção desses valores originais que se perdiam (no texto de José Maria Arguedas) frente a uma incorporação das estruturas mentais racionalizadas que já tinham feito um caminho de um século de duração no Buenos Aires Paris de Julio Cortázar.

Tudo que se podia fazer para salvar essa riqueza cultural, não só sob a custódia do Museu ou do amparo das reservas, mas sim como elemento da criatividade social, deverá se tentar, e é possível – ainda que não previsível – que a América Latina chegue a ser capaz de salvaguardar alguns desses centros culturais escondidos, visto que grandes países se limitaram a congelá-los sob as espécies das repetições folclóricas. Em todos os casos em que entram em conflito com as contribuições da modernidade, serão elas as que seguramente se impõem desalojando as remanescências tradicionais, e essa não será sempre uma solução benéfica. As situações que se podem ver em San Juan de Porto Rico ou em Caracas, onde se assiste a verdadeiras destruições culturais em benefício de uma mera civilização de consumo carente de outros valores que os derivados das excitações comerciais, ilustram essa periculosidade. Isso determina uma estreita vigilância do conceito de modernização que se maneja aos efeitos da integração cultural projetada.

Essas considerações permitem estabelecer uma segunda tese:

2 - A CULTURA QUE SERVE À INTEGRAÇÃO SERÁ A QUE FOMENTA A MODERNIZAÇÃO DA SOCIEDADE LATINO-AMERICANA DENTRO DE ESTRUTURAS LIBERADAS DA DEPENDÊNCIA EXTERNA E QUE ATENDAM À SINGULARIDADE DA HERANÇA RECEBIDA.

TRÊS

O esforço de modernização se transmitiu no passado e com certeza seguirá transmitindo-se no futuro entre elites intelectuais, muitas vezes de extração universitária, sobretudo na América Latina, elites que uma nomenclatura moderna chamou de "vanguardistas". São grupos ilustres que estabelecem com o resto da sociedade a imprescindível mediação para projetos inovadores ou para influências estrangeiras úteis. Eles são quem, para serem viáveis, cumprem uma tarefa de adaptação que é forçosamente de nacionalização.

Essa função – essencial para a incorporação das novidades, a fim de amparar seu crescimento nos períodos hostis e conseguir sua implantação na sociedade, cobrindo assim suas demandas que às vezes são tão profundas como obscuras e pouco evidentes para si mesma – é passível de distúrbios que desabilitam, tal como se tem visto em exemplos do passado. Em algumas ocasiões, a tentativa renovadora atuou exclusivamente dentro dessas elites: se limitaram a refletir as contribuições fornecidas pelo regime de dependência cultural, transmitindo-as sem alteração para a sociedade e respaldando-as com sua autoridade intelectual. Tornaram-se assim meros enclaves da colonização que não só não proporcionavam a participação das coletividades a que pertenciam como também nem sequer eram capazes de uma elaboração minimamente própria das mensagens recebidas. Essas elites miméticas falharam no cumprimento da sua missão, mas, ao mesmo tempo também, no abastecimento das necessidades da comunidade que representavam, atuando como fábricas. A típica cidade-porto crescida no século XIX pôde ser uma imagem persuasiva das tais elites.

Não só ocorreu isso no século passado: o mimetismo segue sendo a lepra do funcionamento intelectual das elites hispano-americanas, suficientemente capazes para situar-se no nível dos bons centros estrangeiros de sua especialidade e dramaticamente inúteis para compreender a realidade circundante. Essa alienação dos produtores culturais se registra nas mais diversas disciplinas: tanto nos repetidores de uma civilização de consumo como também nos estereótipos revolucionários, ambos pretendendo impor, sem atender à idiossincrasia, à circunstância da região e às tradições e formas de vida de seus homens.

Os maiores estragos do mimetismo se produzem justamente nos esforços de modernização, sejam eles artísticos ou sociais, políticos ou literários, pois é neles que os modelos estrangeiros prestigiados por seu bom funcionamento nos outros lugares são propostos de forma mais encarniçada, feito em detrimento da natureza do país e cultura (em detrimento inclusive da análise do ponto que efetuaram, em sua distante polêmica, Sarmiento-Martí). Ambos – modelo e realidade – concluem marchando por rotas separadas, válidos os dois, mas estéreis, desde o momento em que não chegaram a juntar-se devidamente. Quando não se impõe o modelo à força, distorcendo, então, a realidade e violentando o comportamento de seus homens, coisa que a história americana tem recolhido como sofrimento e germe de intermináveis conflitos. Essa falta de respeito para a maioria dos homens da América Latina o é de fato para a história, posto que essa comunidade se nutriu de uma acumulação de materiais que chamamos hoje de tradicionais, mas que foram modernos no seu momento, tornando-se o que poderíamos chamar de "corpo histórico da cultura do continente", o grande depósito do processo de acrioulamento da cultura europeia e de elaboração da autóctone ou africana, depósito vivente, com capacidade operativa.

Pelo que se antecede, compreende-se que a regulação do funcionamento das elites (vanguardistas) modernizadoras – e nelas incluímos engenheiros de uma industrialização acelerada, propagandistas do socialismo revolucionário, construtores da nova educação, avançadas do planejamento familiar e da liberação da mulher – resulta num tema de atenta consideração para evitar desequilíbrios e distorções. Somente sua permanente vinculação real, não meramente retórica, reverteria em um processo de avanço mais fértil e menos doloroso da sociedade latino-americana. Porque devemos, ao mesmo tempo, compreender que só a participação no processo de modernização desses setores populares, o que chamamos de "corpo histórico da cultura latino-americana", é capaz de proporcionar uma fundamentação concreta, fazê-lo permanente e incorporá-lo aos usos da região como um elemento mais constitutivo.

A regulação do funcionamento das elites em relação à totalidade social não pode reduzir-se à respeitosa atenção com as reivindicações populares, habitualmente duplicada pela grande paciência para acompanhar seus progressos educativos, dado que não é esse o sistema eficiente de ensino; ao contrário, ele deve consistir numa educação da própria elite na singularidade da comunidade e em suas contribuições constantes. E deve ampliar-se com o exame, diante dessa realidade, das propostas renovadoras que se pretende formular.

Definitivamente, a regulação consiste em adequar o funcionamento de ambas as partes em um sistema de recíproca ação; fazê-las trabalhar em equilíbrio instável de acordo com a oferta e a necessidade de cada uma; estabelecer um regime compensatório que transforme o processo íntegro num esforço comum. Não vejo outro modo de obter a prova corroborativa do valor das contribuições modernizadoras – sua capacidade de acrioular-se – e a segurança de sua ação transformadora, mas ao mesmo tempo, esta é a única maneira de espantar esse mimetismo que trabalha como uma polia louca na sociedade do gabinete de trabalho, cancelando desse modo os que poderiam ser seus produtos ilusórios, voluntaristas, quando não mesquinhamente interessados.

Não quer dizer que isso deva buscar o desenvolvimento de uma cultura exclusivamente "popular", o que poderia ser entendido num sentido idealista, romântico, e que nos levaria a esse congelamento dos costumes. Mas toda a cultura em crescimento deve recolher, como parte válida do seu repertório significante, as experiências acumuladas nos setores populares, integrando-as dentro do processo modernizador, pois é quem confere sua dinâmica peculiar ao avanço social e define seu rumo.

Daí uma terceira tese sobre a integração:

3 – A CULTURA INTEGRADORA FUNCIONARÁ A SERVIÇO DE TODA A COMUNIDADE SOCIAL DETERMINANDO O COMPORTAMENTO DAS ELITES QUE RECOLHEM AS CONTRIBUIÇÕES POPULARES REGIONAIS DO CANAL MODERNIZADOR.

QUATRO

Quando um projeto global, como é o de integração cultural latino-americana, desce desse plano teórico em que tem sido esboçado como ideal de um grupo social ilustrado ao plano das realizações práticas, enfrenta-se de imediato as concorrências que impõe a realidade sobre toda proposição idealista.

O projeto integrador latino-americano tem vivido não menos de cento e cinquenta anos dentro de textos literários, discursos de cerimônias, programas beligerantes, sendo sustentado neles como uma vontade de futuro. Foram muito escassas as experiências de aplicação concreta registradas ao nível universitário e menos ainda as que seguiram outras vias de organização. Parecem-me as mais desenvolvidas as que correspondem ao Conselho Superior Universitário Centro Americano e as do Conselho Universitário Regional, que agrupou os países do Cone Sul: esses órgãos aplicaram o sistema de cursos extracurriculares ou de temporada, concursos literários, exposições artísticas, festivais de cinema ou teatro, dirigidos tanto à comunidade universitária como ao público geral das cidades.

Nessas experiências se aponta a primeira comprovação: que a unidade latino-americana é mais um projeto do que uma realidade. Não passaram em vão sobre esse grande corpo um milênio de distintas culturas indígenas, três séculos de administração colonial, um século e meio de fragmentação independente; portanto, junto à vocação unitária que encoraja seus grandes homens, deve reconhecer-se a existência de áreas culturais independentes que agrupam em regiões países ou zonas desses países. A essa comprovação se agrega o fato que a eficácia de uma ação cultural concreta depende da utilização de vinculações pré-existentes, tanto as tradições históricas, a linguagem comum, o conhecimento pessoal, como as vias de comunicação desenvolvidas, as fundações econômicas próximas, as relações comerciais estabelecidas.

Os projetos integradores deverão partir do reconhecimento de que existem no continente diversas áreas culturais e ainda deveriam começar por seu estudo detalhado. Seria de enorme utilidade, como passo prévio a todo plano de trabalho, acometer em forma documentada e sistemática – coisa que não se tentou – o projeto caracterológico das áreas culturais, o que ao mesmo tempo facilitaria o cumprimento de outras propostas de integração nos campos da economia, da saúde, das comunicações etc. É bastante habitual nas análises da América Latina passar do reconhecimento das pátrias –, quando não da afirmação das nações –, ao reconhecimento dessa unidade global do setor não saxão que se dá como um feito, do qual resultam escondidos os agrupamentos regionais e, portanto, são depreciadas implicitamente suas poderosas forças integradoras. Entretanto, é nelas em que se podem encontrar pacientes sustentadores de uma circulação cultural interna que vem funcionando espontaneamente, ainda que até o presente tenha sido mais aproveitada pelos meios massivos de comunicação das empresas privadas do que pelos órgãos educativos. Nesse aspecto, é revelador o funcionamento dos centros de produção de revistas históricas (Buenos Aires e México) e sobretudo os diversos centros de fabricação de séries televisivas (Buenos Aires, Peru, San Pablo, Caracas, México); em ambos os casos e sobretudo no segundo, trata-se de regionalizações impostas pela língua (idioma, léxico, entonação).

Um estudo das áreas culturais latino-americanas poderá descobrir algo a mais: o frágil de certas compartimentações fronteiriças, arbitrariamente iniciadas e logo consolidadas ao longo de um período que não tem sido suficientemente extenso para fragmentar inteiramente zonas que mantêm fortes laços de comunidade. Manejaram-se, então, diversos fatores analíticos para detectar a formação desses agrupamentos: os geográficos e climáticos servirão de base; os étnicos, históricos e econômicos poderão determinar composições tradicionais; os derivados da organização social e dos níveis educativos servirão para situar a problemática atual. Mas muitos mais poderiam se despertar, incluindo os que correspondem à dieta e os que evidenciam os costumes e as formas de relação humana. O produto dessas investigações seriam regiões afins, mas não necessariamente homogêneas nem estreitamente vinculadas. Por razões políticas, históricas ou econômicas, poderemos comprovar enfrentamentos e divisões que, entretanto, não conseguem quebrar uma vinculação profunda.

Assim, por exemplo, parece-me evidente que as três ilhas espanholas do Caribe mostram traços relacionados e que, ainda por cima, seria possível estudar, de tal relação, uma outra de tipo mais geral que faria do Caribe "um país", tal como afirmou apoditicamente um escritor, pensando talvez que o trópico, a presença negra, os cultivos (açúcar, banana, café), o regime paternalista do fazendeiro, concluem com a unificação da zona de maior mestiçagem do continente, onde concorrem não menos de cinco línguas distintas. Tal comprovação não se trata da zona latino-americana mais dividida e compartimentada que se conhece na América Latina, a que tem sofrido as maiores e mais constantes ingerências estrangeiras e as que vive, de forma próxima e direta, os conflitos políticos que fizeram fracassar todas a relações internas e desencorajado todo o projeto integrador.

Assim, por exemplo, parece-me que poderia detectar-se uma afinidade cultural profunda no arco das cidades europeizadas e pequenas burguesas do sul do continente, que unem São Paulo, Porto Alegre, Montevidéu, Buenos Aires, Rosário, Santiago do Chile, que se sobrepõem a quatro países, a duas línguas diferentes e a diversas soluções políticas, porque a afirmação e o desenvolvimento da integração cultural da área tem estado constantemente freada: só se a tem considerado parcialmente através da ação do Conselho Interuniversitário Regional; no entanto, nunca se abordou a possibilidade de associar as universidades brasileiras do sul do país, muito parecidas com as da Argentina.

Em compensação, resulta mais afim a reintegração dos países que outrora formaram o Tahuantinsuyo, devido ao fato de que modernamente se gerou um pacto econômico – o andino –, que associa vários países cujas regiões constituem essa área cultural. Os países centro-americanos representam um caso semelhante, sendo a zona de maior vontade integradora e onde as Universidades têm cumprido um papel preponderante, ainda que ali também as razões políticas e financeiras impossibilitaram a incorporação do Panamá.

Os exemplos citados – que deveriam ser objeto de um estudo minucioso – servem para comprovar: por um lado, a existência das áreas culturais, por outro, as dificuldades vigentes para seu desenvolvimento integrador, dadas às vezes pelos fatores nacionais, políticos e econômicos, sem contar as ingerências estrangeiras distorcivas, que se opõem à empresa. Essa contradição poderá ser diminuída por uma ação divulgadora intensa que tenha seus centros nas universidades, em benefício de uma integração regional concreta. As universidades contam com alguns instrumentos (regimes de bolsas, cursos de temporada, congressos ou seminários de estudo) que, colocadas a serviço do projeto regional, dariam bons resultados e contribuiriam com a dissolução das oposições por nós assinaladas.

Mas, de qualquer modo, se conservamos uma visão realista do ponto, podemos concluir que, em uma primeira etapa, o projeto de integração ao nível regional estará condicionado por dois fatores: terá de surgir como integração de países, com suas atuais fronteiras, sem atender às variações das zonas internas que podem existir entre algumas regiões deles; terá de alcançar sua plenitude quando esses países estiverem associados por pactos de desenvolvimento econômico que tendam a unificar progressivamente suas infraestruturas.

Pode-se apontar que os pactos econômicos regionais não só atendem ao problema de uma defesa contra a ação exploradora externa, mas também carregam uma preocupação política: reparar a desigualdade de forças dentro do continente, juntando países afins em níveis similares de desenvolvimento para equilibrar a potencialidade, real ou futura, dos países maiores, contribuindo desse modo com um progresso mais harmônico do conjunto latino-americano. De um ponto de vista econômico, a constituição de um mercado centro-americano e um mercado antilhano permitiriam regular as relações com o mercado mexicano em um plano de maior equivalência, ao mesmo tempo que o acordo de tudo serviria à defesa da região contra qualquer ação intrometida externa.

A conveniência desse passo intermediário em direção à integração latino-americana, que é o apoio às organizações regionais, evidencia-se no campo administrativo de um plano de integração cultural. A existência de centros universitários regionais permitiria o funcionamento autônomo para os interesses dos países agrupados, atendendo a suas demandas próprias; e a reunião de representantes desses centros dentro uma organização maior, que poderia ser a União de Universidade da América Latina, completaria a vinculação dos efeitos de planificação da parte conjunta e geral dos planos, aplicável sem distinção a todos os países latinos.

Esses apontamentos nos levam à nossa quarta tese:

4 – A INTEGRAÇÃO CULTURAL LATINO-AMERICANA COMPORTARÁ O DESENVOLVIMENTO PREFERENCIAL DAS ÁREAS CULTURAIS DO CONTINENTE – ESTABELECIDAS À MARGEM DAS LIMITAÇÕES VIGENTES –,

CONTRIBUINDO COM A SUA ELABORAÇÃO PROGRESSIVA, INTERCO-
MUNICAÇÃO E ENRIQUECIMENTO.

CINCO

Para equilibrar toda afirmação localista, deve-se contrapô-la à opção de finalidade do esforço cultural, precisando com inteira claridade e destacando com vigor o curso que projeta seguir. Do mesmo modo que – dizíamos – a afirmação da herança cultural latino-americana (tese um) não devia obscurecer nem dificultar a urgente tarefa de modernização (tese dois), do mesmo modo a contribuição concreta ao desenvolvimento e à melhoria das áreas culturais a que temos nos referido não pode nem deve tornar opaco o projeto central, e ele consiste – não o esqueçamos – em uma integração totalizadora que abarque os diversos países e sociedades, suas culturas e suas energias criadoras.

Mas, ademais, quando se levanta um projeto integrador, já não se está falando de reduzidas elites educadas, mas sim de volumosos agrupamentos sociais e em definitivas massas, que se encontram praticamente fora do raio da educação. As populações latino-americanas estão ferreamente instaladas nas estruturas locais da cultura, tanto em costumes como em pensamento, e sua vinculação com as áreas culturais a que pertencem são escassas ou nulas. Pelo mesmo motivo, são para elas inimagináveis as perspectivas globais que aqui tratamos, posto que foram educadas no conceito restrito de pátria e no localista de que usufruem, e a América Latina se apresenta com um imaginário que, para a maioria, nem sequer tem o contorno de um mapa conhecido.

Se, de fato, essas populações não podem ingressar nas formas mais elaboradas das culturas, elas podem terminar afins através de uma integração dos enclaves regionais – ou seja, menos hostis e mais gratificantes –, difundindo entre elas um ideário de integração que as situa no plano final proposto, e isso através da exposição de conteúdos concretos, acessíveis, persuasivos, não ficando à mercê de afirmações gerais e retóricas da unidade latino-americana.

O trabalho educativo regional, a difusão dos valores regionais, a lembrança da história conjunta, o cumprimento de tarefas culturais comuns, essas e outras manifestações práticas da integração local concluiriam concorrendo para a divisão mais do que a unificação a que se aspira, ou sejam, terminariam sendo traiçoeiras do projeto, se não fossem acompanhadas de um ideário latino-americano muito explícito, o que poderíamos chamar de uma doutrina que fizera às vezes de espinha dorsal conceitual e cumprira a procurada função religiosa da comunidade latino-americana.

Tal ideário não necessita ser inventado. Ele tem sido desenvolvido pelas figuras chave do pensamento latino-americano, sendo o ponto de convergência de homens tão distintos por outras razões, como Bolívar, Bello, Martí, Vasconcelos, Rodó, Hostos, Mariátegui, Haya, Guevara, que, ao longo dos anos transcorridos desde a independência, tem contribuído para sedimentar uma orgulhosa consciência latino-americana, conferindo a ela conteúdos renovados de acordo com as circunstâncias que viveram. Essas contribuições norteadoras têm sido traduzidas, ou mais bem aplicadas, pelos estudiosos numa tarefa sistemática de análise intelectual do continente. Nas últimas duas décadas, presenciou-se uma eclosão jamais conhecida antes de estudos econômicos, sociológicos e políticos, tão nutridos e tão abrangentes como as contribuições históricas, literárias ou artísticas do mesmo período, ainda que não fossem mais eficazes do que a poesia e o romance triunfantes desse mesmo lapso de tempo, a fim de tornar os homens do continente participantes dessa doutrina afirmativa de sua dignidade e grandeza.

Por razão de sua secular dependência, a América Latina tem vivido com amor a seus grandes homens e admiração às suas obras e, simultaneamente, com desconfiança sobre seu valor que, situado em um esquema universal (que de fato era exclusivamente europeu), se dissolvia. Tal movimento ambíguo e inseguro custou à sua sociedade enormes sofrimentos e instabilidades, porque esse ar vacilante não é bom, obviamente, para reunir os homens dispersos, nem pode persuadir as massas que se convoca à cultura sem afirmar muito alto, categoricamente, com olhos, os altos valores da arte, da literatura e do pensamento da América Latina. Não se trata de uma afirmação falsa, mas sim de um autêntico convencimento. Isso foi o que motivou a heróis e pensadores durante cento e cinquenta anos e só assim eles moveram multidões.

Se reuníssemos os textos chave desse período secular, eles revelariam uma progressão na afirmação e no desenvolvimento do conceito de América Latina, através de diversas instâncias em que se forjou um variado diálogo com as culturas ocidentais próximas e um reconhecimento gradual da autoctonia e do africanismo. Seria essa coleção de texto uma sorte de carta magna da cultura latino-americana.

Mas, para levar a cabo uma educação sólida, não é suficiente um repertório de princípios, por admiráveis e normativos que sejam, visto que se necessita de uma massa considerável de informação latino-americanista. Seria necessário se expressar em obras concretas, em verdadeiros manuais de divulgação que enfoquem, a partir de uma perspectiva unificadora, as diversas empresas culturais do continente até hoje, recusando-se a planos fragmentados, nacionais ou regionais. Uma coleção de manuais que correspondam aos temas do estudo no ensino de cada país, da primeira séria à universidade, recolhendo a história, as letras, a língua, a arte, a música, os heróis, os povos, as invenções, as lutas sociais, a flora e a fauna, com um critério latino-americanista e não exclusivamente nacional ou regional, como foi até hoje a norma habitual.

E é nessa zona onde as equipes universitárias podem fazer uma contribuição criteriosa que ninguém pode suplantar, dado que contam com as disponibilidades intelectuais e os conhecimentos requeridos, e dado que eles são as testemunhas privilegiadas das correntes que movem a América Latina. A Biblioteca divulgadora de que se necessita para propiciar a integração no nível de base, ou seja, na difusão popular e nas escolas primárias; os manuais sobre artes, histórias e ciências destinados a formar o pensamento integrador dos níveis médios, ou seja, os estudos secundários e os de complementação para adultos; as obras capitais sobre esses temas destinadas aos níveis universitários; todos os três planos com sua adequada metodologia e suas exigências intelectuais podem ser cobertos pelas equipes universitárias. Ainda que tenha havido tentativas, foram individuais, esporádicas, sem continuidade, em boa parte porque foram filhas da iniciativa pessoal e não foram orquestradas por instituições universitárias ou por planos supranacionais que dispuseram de abundantes recursos econômicos para propiciá-las.

Essa contribuição intelectual fundamentadora da integração cultural que os universitários não souberam cumprir até o presente tem tido, em troca, realização completa por parte dos narradores e, antes, dos poetas. Suas obras foram articuladas entre si para gerar uma linguagem comum do continente, além das diferenças de estilos e orientações próprias das diversas áreas culturais a que pertenciam. Quando um escritor como García Márquez anota que, entre todos os seus colegas, está escrevendo o romance da América Latina, ele aponta para essa comunidade de esforço criador e para esse objetivo claro que é o de integração cultural.

Uma função paralela deveria cumprir-se sistematicamente nas Universidades, as que dispõem já de recursos para financiar pesquisas, cursos e departamentos dedicados unitariamente à cultura latino-americana. Um plano coordenado para a fundação de um Instituto Latino-Americano em cada Universidade destinado ao estudo interdisciplinar da Nossa América e à contribuição para seu melhor conhecimento sob a forma de livros panorâmicos e interpretativos está ao alcance das dezenas de universidades do continente.

Claro está que não se trata de propiciar uma mera compilação histórica, somando contribuições nacionais até conseguir uma soma aparentemente internacional. Toda análise e todo exame de um passado deverão ser feitos a partir da perspectiva do presente em que se fala e, por isso mesmo, conjugar-se-ão com uma afirmação programática do futuro, atuando com um finalismo norteador. O que se busca é o desenvolvimento de uma autêntica doutrina latino-americanista a serviço dos homens atuais da América: obviamente, ela não teria nenhuma possibilidade de ser aceita pelas maiorias se não incluísse como um de seus capítulos centrais as reivindicações dos setores mais carentes, começando por seu indeclinável direito a integrar o campo da cultura e não permanecer na margem da história. Trata-se, portanto, de uma doutrina revolucionária, no legítimo sentido da palavra: pretende alterar uma situação injusta existente; incorporar os benefícios da cultura nas classes sociais mais carentes; afirmar a positividade e originalidade da cultura latino-americana, conferindo-lhe o traço de chave da história e do destino dos povos.

Esses raciocínios sustentam uma quinta tese sobre integração cultural:

5 – A INTEGRAÇÃO DEVERÁ APOIAR-SE SOBRE UMA DOUTRINA LATINO-AMERICANISTA QUE REIVINDIQUE SUA CULTURA COMO HISTÓRIA E COMO DESTINO, DIVULGADA E EXPLICADA MEDIANTE ESTUDOS QUE TRADUZAM UNIFICADAMENTE SEUS MÚLTIPLOS ASPECTOS.

A UNIVERSIDADE LATINO-AMERICANA

O projeto de integração vincula – dizíamos – várias problematizações passíveis de serem classificadas entre as duas zonas que une: a cultura latino-americana que deveria ser objeto de esforço de integração e as universidades latino-americanas, encaradas como veículos eficazes para contribuir para essa tarefa, atuando sobre o meio social a partir de seus órgãos de difusão e extensão.

Essas universidades não são mais do que um setor dentro do campo cultural latino-americano e sua importância dentro dessa totalidade varia enormemente de um a outro país, de um a outro tempo, variação que tem a ver com o maior ou menor grau de complexidade dos canais de comunicação das respectivas sociedades onde funcionam. Enquanto nos países de rico desenvolvimento, que dispõem de importantes recursos econômicos e que conseguiram avançar na construção de uma sociedade moderna, os sistemas de comunicação de massa disputam com êxito a sua primazia – a indústria de revistas e periódicos, os meios audiovisuais, os circuitos culturais urbanos que incluem galerias, teatros, museus, centros de estudos etc. –, em países de menor grau de ramificação social, eles constituem o foco primeiro da cultura nacional e, inclusive, tendem a absorver as tarefas que, de um ponto de vista estrito, se diria que não competem a esse terceiro nível privativo da educação universitária, como estar no teatro, no cinema, no balé e nas artes plásticas. Nesses países, as universidades tendem a se tornar ministérios de cultura, acumulando as atividades dessa especialidade que normalmente são conduzidas pelo Estado, salvo a educação dos níveis primário e secundário. Às vezes incorporam também a difusão massiva utilizando rádios e canais de televisão próprios, mas é uma situação excepcional.

Às variações anotadas no funcionamento cultural dos diversos países do continente, agrega-se uma outra: há universidades que concedem particular alívio à extensão cultural no meio, implantando para esse fim articulados programas de difusão aos quais chegam a consagrar apreciáveis recursos; e há outras que praticamente carecem de Departamentos de Extensão, limitando-se à preparação interna de profissionais e a uma mínima difusão, que também se cumpre intramuros para as equipes universitárias exclusivamente. Nesses casos, são o Estado e as empresas particulares que cumprem tarefas de culturalização do meio na forma extensiva, reduzindo a Universidade a uma culturalização intensiva dentro de especialidades educacionais.

Essas diferenças de funcionamento tornam difícil a medição precisa de qual seja a inserção das universidades latino-americanas nas necessidades culturais das suas sociedades, ao que se agrega que, dentro dos diversos tipos, se produzem súbitas alterações, causadas pelas vicissitudes de sua dependência dos poderes políticos. Aquelas universidades carentes de plena autonomia de governo ou que a tenham visto ser suspendida temporariamente, restringiram sua atividade difusora no meio. Às vezes por carecer de recursos, outras vezes por enfrentar situações conflitantes com os setores estudantis, e também por causa da filosofia que as rege nesses momentos e que conflita com os princípios de uma extensão educativa. Os conflitos de governos e universidades repercutiram mais intensamente sobre os serviços de difusão cultural do que sobre a preparação de técnicos, tradicional das escolas e faculdades.

Nessa rápida caracterização de diversas condutas, estão implicados os traços definidores dos serviços de extensão, sua origem e suas tarefas atribuídas, havendo a necessidade de ampliá-los e de ir além dos esquemas iniciais. Como é sabido, esses serviços são recentes nas universidades latino-americanas; eles têm aparecido nas últimas décadas respondendo a uma vontade de corrigir as visíveis insuficiências dos seus institutos universitários.

Por isso, seu primeiro objetivo foi a população universitária, concretamente os estudantes que, apesar das reformas do começo do século, seguiram apressados dentro da compartimentação de especialidades geradas pelo modelo universitário positivista. Fornecer-lhes uma visão cultural mais variada e rica, compensando as restrições do excesso de especialização, essa foi a tarefa central desses serviços. Com o qual não se fazia nada senão confessar o fracasso de uma reforma educativa: não se sabia encontrar uma solução integral para situar o estudante no canal central da cultura, situando dentro dela também a sua disciplina de especialização. Nesse sentido, e por ser uma correção de uma concepção defeituosa, pode-se estimar que o serviço cultural interuniversitário dos Departamentos de Extensão deveria ser temporário, enquanto não se submete a Universidade latino-americana a essa profunda transformação que a adeque à época, às necessidades dos povos do continente, aos sistemas modernos. Não obstante, seu papel na Universidade transformada seguirá sendo considerável porque, então, não só assegurará uma "extensão", mas também um serviço cultural orgânico para os diversos níveis educativos e disciplinas diversas.

A criação da "extensão universitária" correspondeu também a outra insuficiência, mas não interna, e sim externa. O estreito raio social que cobria a Universidade, limitando-se praticamente ao adestramento técnico dos jovens de uma classe social, a burguesia, em seus estratos alto e médio, e incorporando progressivamente à baixa burguesia dentro do processo de lenta democratização do século, finalizou transformando-a em um organismo elitista e classista. Manifestava-se sem preocupação por esse resto da sociedade, que sua imensa maioria, em uma conduta parecida com a dos ministérios da cultura, que construíram auditórios musicais e suntuosos teatros de ópera, investindo enormes somas para manter uma cultura ornamental destinada a não mais do que três mil pessoas que integravam as filas da alta burguesia. Aqui a correção se origina na comprovação do aberrante dessa conduta do ponto de vista de uma filosofia política democrática; mas de maior peso na troca teve a crescente complexidade modernizadora que se registrou na sociedade e obrigou a acentuar a preparação de setores sociais marginais. As formas indiretas da cultura geral se mostraram muito eficazes para a preparação das estruturas mentais adequadas às novas responsabilidades e prestações. Por ambos os caminhos se chegou à ampliação dos serviços de difusão, tratando de que cumprissem uma missão nas populações urbanas e, inclusive, em alguns casos, que atendessem à educação geral nos povos carentes de centros universitários: os chamados cursos de temporada tipificaram essa orientação.

O funcionamento dos departamentos de extensão dispensou a filosofia educativa que os animava, que por sua vez teve muito a ver com as relações que as Universidades mantiveram com os poderes políticos, assim como com a constituição do governo interno. O leque de tendências é bastante amplo: os exemplos de difusão urbana de uma cultura ornamental que reitera as formas clássicas de exposições, conferências, oficinas, atos acadêmicos, opõem-se aos das universidades de mais ativa participação estudantil e, portanto, de maior conflitualidade com os governos, onde se acometeu um esforço de educação massiva da comunidade dentro dos moldes modernos, críticos sempre e às vezes até insurrecionais, os quais foram precedidos de uma nutrida série de diagnósticos sociais que serviram para conhecer a realidade social e para proporcionar armas de combate às tentativas de mudança.

SEIS

Antes de considerar as formas e planos que deveriam montar a extensão universitária para contribuir com a tarefa de integração latino-americana, recordamos que não é ela o único instrumento universitário propício para essa finalidade, mas sim o mais recente, frequentemente o mais fraco e, claro, aquele que não ocupa posição central dentro da atual estrutura da Universidade.

É evidente que ela não se estabeleceu ainda, na forma clara e coerente que corresponde às equipes intelectuais que a integram, uma intervenção norteadora no esforço de integração que outros órgãos estatais ou privados vêm desenvolvendo. Em vez de atuar como sua vanguarda, ela veio trabalhando tardiamente, arrastada pelas demandas que estabeleceu, ora a administração governamental, ora a dinâmica de ação das empresas particulares. Isso poderia nos conduzir a uma Universidade que se limita a solucionar tecnicamente demandas daqueles setores, sem chegar a propor as diretivas que entende efetivas – os planos centrais de uma integração –, desde seu ponto de vista que será sempre mais específico e movido por uma independência e responsabilidade cultural obviamente maiores.

Com esses fins em vista, poderíamos classificar a tarefa educativa da Universidade em três seções, segundo o objeto que acompanha:

1 – a preparação especializada de técnicos e confecção de planos educativos de conformidade com as exigências do crescimento social.

2 – a educação da comunidade através de uma culturalização geral que a conforme e integre como corpo social unitário, capacitando-a aos mais altos níveis.

3 – a formação e orientação dos membros da Universidade, desenvolvendo uma cosmovisão cultural abrangente de seus campos especializados, que se resultem integrados numa filosofia interpretativa do homem e seu meio.

A primeira corresponde às diretrizes tradicionais que geraram as universidades do século XIX e que têm sobrevivido legitimamente sob as reformas posteriores, por tratar-se do primeiro serviço que reivindica a Universidade dentro da vigente concepção burguesa – herdada pelos regimes socialistas de forma oportuna – de fragmentação da realidade em um conjunto de segmentos discriminados e cada vez mais complexos, que exigem tratamento especializado mediante técnicos preparados ao longo dos anos. Ainda que o desenvolvimento da tecnologia descoberta a partir dessa fragmentação tenha vindo a questioná-la, propondo reintegrações, segue sendo a norma generalizada mundialmente e rigidamente aplicada no nosso continente, a da compartimentação de estudos e preparação desconectada dos técnicos.

As outras duas seções enunciadas não correspondem a estudos sistemáticos em uma especialização, mas sim a uma educação do tipo geral, abrangente, nos valores de uma cultura que serve ao destino da sociedade; podem distinguir-se entre si as duas seções, por referir-se a segunda aos homens de fora dos muros universitários, ou seja, a sociedade inteira, e a terceira aos de dentro dos muros, ou seja, os estudantes, professores e administradores. Ambas as educações, que muitas vezes não distingue os diferentes destinatários e os confunde como uma mesma coisa em um plano só, são da incumbência dos serviços de difusão e extensão e são objeto dessa planificação.

Mas, ainda que tenham sido ampliados sensivelmente nos últimos decênios, é aquela preparação de técnicos e aquela determinação de planos que centra a atividade universitária e é, portanto, nesse campo em que se deve operar a primeira contribuição para uma integração cultural latino-americana, que será sem dúvida a de maior repercussão no continente por causa da importância das instituições que a abordariam.

Entendemos que o primeiro passo nessa direção seria o estabelecimento de Universidades regionais, de estrutura supranacional, destinadas a entender os estudantes dos países de uma área cultural, de modo complementar às universidades nacionais já existentes. Curiosamente, pode comprovar-se que a reunião de estudantes de diversas nacionalidades vem produzindo subterraneamente cada vez maior mobilidade regional do estudante da América Latina, movido por uma atração de um centro mais prestigiado em decorrência da frequência dos clausuras ou dos fechamentos temporários das casas de estudos, das matrículas reduzidas de seus institutos nacionais ou por razões estritamente econômicas. Isso tem recarregado os investimentos educacionais de alguns países, compensando os menores de outros, tendo consolidado uma primazia de uma país ou capital em detrimento de outros. Por último, causou-se a distorção da estrutura universitária geral ao resultar preferida uma escola, uma faculdade, em oposição às restantes, fazendo com que uma Universidade gire, de maneira arbitrária, em torno de uma faculdade de engenharia ou de uma de medicina. Ou seja, tendo regionalizado os estudos universitários, por ter sido produzido de fato, não se alcançou o progresso esperado de uma tentativa de tal natureza.

As vantagens da instituição dos centros universitários regionais nas distintas áreas culturais do continente são múltiplas. Bastariam alguns apontamentos fundamentados para evidenciá-las:

1 – A criação e a manutenção de uma Universidade, cobrindo suas exigências de funcionamento moderno e facilitando seu desenvolvimento, significa um investimento de tal magnitude que dificultosamente poderia enfrentá-lo um só país, inclusive dos poderosos, e em troca ficaria mais viável através de uma conjunção de esforços de órgãos culturais internacionais, que poderiam dar respaldo por seu caráter supranacional experimental.

2 – O atraso em que se encontram as estruturas da imensa maioria das universidades latino-americanas, que as tem tornado ineficientes para todo projeto de desenvolvimento acelerado, veio impondo uma tarefa de emendas e correções que têm sido bem difíceis e infelizmente pouco eficazes para vencer obstáculos estabelecidos por anos de velhos costumes e por interesses de corpos docentes estagnados. A possibilidade de um avanço decidido na modernização das universidades transita por um projeto de tipo regional que obriga a pensar a partir do zero, que impõe uma concordância dos universitários mais lúcidos e o aproveitamento dos melhores ensinos educativos do momento.

3 – Um órgão universitário que não depende de um só país, mas é sustentado por vários, deverá projetar formas originais de governo em que fique amplamente reconhecido o direito autônomo para reger-se, através de suas ordens internas. Resultaria em benefício de uma experiência básica de integração, visto que concorreriam professores, administradores, técnicos e estudantes de várias nacionalidades, que deveriam encarar os estudos como uma totalidade regional, válidos para os diversos países, procedendo eles mesmos à complicada obra de acomodação, compreensão, comunicação.

4 – Só a criação de universidades regionais latino-americanas poderia nesse momento oferecer uma barragem para a fuga de cérebros, estabelecendo uma poderosa e repentina demanda de profissionais, de centros de laboratórios e estudo, de lugares apropriados para a confecção de projetos de desenvolvimento regional e planificações – econômicas, científicas, humanísticas – a serviço dos países da área.

5 – Desde o momento em que sabemos, pelas curvas de crescimento dos assuntos mundiais, que as gerações futuras deverão obrigatoriamente trabalhar com concepções supranacionais em órgãos que associam diversos países, que deverão participar de estruturas internacionais fortemente impostas tanto em assuntos econômicos como políticos e militares, é indispensável começar a formar as condições culturais que propiciem esse comportamento, proporcionando educações integradas, coisa que poderia alcançar-se eficientemente através das Universidades regionais.

Dentro delas não só poderia encarar-se o desenvolvimento modernizado das diversas disciplinas e sua conjunção em formas globais, mas também poderia se levar à prática essa doutrina de integração cultural, necessária para o cumprimento dos planos concretos de difusão, articulando programas de extensão nos níveis regionais e já não nacionais. Mais útil do que os melhores preparados projetos, mais real do que as discussões de congressos, seria o estabelecimento de verdadeiros laboratórios em que se projetaria e aplicaria, sob formas experimentais, novos planos de extensão cultural destinados à integração latino-americana.

Assim, a primeira das teses referida ao setor universitário deve atender à contribuição maior da Universidade no plano.

6 – A CONTRIBUIÇÃO UNIVERSITÁRIA PARA A INTEGRAÇÃO CULTURAL SE VERIA FAVORECIDA E ACELERADA MEDIANTE A CRIAÇÃO DE UNIVERSIDADES REGIONAIS DE ONDE SE PROPICIARÃO PLANOS CONCRETOS DE INTEGRAÇÃO, FORMANDO-SE NOVAS GERAÇÕES EM TAL ESPÍRITO E EXERCITANDO A DOUTRINA INTEGRADORA.

Quando se encara qualquer projeto de difusão, a pergunta inicial, que determina a sucessão de medidas práticas que devem ser adotadas, é a que aponta para o objetivo final, para seus destinatários: para quem? Fixado esse ponto, é possível retroceder reconstruindo os passos e as formas concretas que devem se utilizar para alcançá-lo plenamente.

Já vimos que se pode fazer uma primeira grande classificação de destinatários, entre os membros da comunidade universitária e o meio social externo. Embora seja habitual que os dois sejam confundidos, isso é devido justamente a não haver interrogação precisa sobre o "para quem?". E, portanto, não se reconhecem as necessidades culturais, notoriamente distintas em ambos os casos. A isso se agrega o fato de que a difusão cultural universitária não é a única fonte de informação para quaisquer dos setores mencionados, por isso se deve ter consciência de que os esforços de divulgação têm de ser compostos com outros, o que por sua vez determinará a intensidade e a orientação que se lhes imprime.

O primeiro caso é o referido à cultura do meio universitário, entendendo dentro dela tanto os estudantes – que formam o setor no que habitualmente se pensa, às vezes com exclusividade – como os professores e os administradores dos distintos serviços, tão necessários como aqueles de atenção cultural persistente. Aqui jogam de forma complementar dois elementos, os quais determinam a dosagem dos planos de extensão para universitários: se esses planos, por uma parte, devem atender a níveis normalmente mais evoluídos do que os do meio social generalizado externo, preocupando-se com sua concepção moderna e universalista do conhecimento, com seus hábitos de racionalização e esquematização em conformidade com as técnicas alfabéticas que utilizam, por outra devem compensar o isolamento que se submete sua inserção em recintos universitários, provocando a perda de imagens reais e concretas da vida nacional, uma apreciação sensível das possibilidades verdadeiras de progresso da comunidade dos valores que nela dão custódia, ainda que estejam fora das ordens intelectuais estritas a que se acostumaram, exclusivamente, os estudos universitários.

No dilema entre o universal e o regional, tantas vezes concebido como um enfrentamento dissociador, é indispensável saber jogar as contribuições nacionais com maior força que as internacionais – quando se trata desses setores universitários –, dado que aquelas são as preteridas e estas as mais frequentemente utilizadas. Ou seja, é preciso saber que não haverá difusão cultural em abstrato, mas sim aplicada aos casos concretos: tratando-se dos universitários, buscar-se-á que a difusão resulte numa verdadeira reguladora do conhecimento, trabalhando sobre as diversas contribuições que o meio recebe intramuros.

Uma situação quase inversa se oferece na difusão externa. Aqui são os valores do universalismo modernizador que parecem mais necessitados de uma ação divulgadora eficaz para que fecundem o contexto localista que normalmente abastece as camadas sociais menos educadas, seja por falta de contatos informativos, seja também porque se trata legitimamente da modelação imposta pela instalação de uma terra e uma sociedade.

A difusão fora dos muros encontra uma segunda dificuldade para responder à pergunta "para quem?". Ao passo que a comunidade universitária se oferece com certa homogeneidade, salvando-se na prática os matizes diferentes que comporta, a estrutura da sociedade está, em troca, determinada pelos desníveis abruptos e a variedade de zonas culturais. Aqui, com mais vigor, deve-se falar de uma difusão cultural aplicada a casos concretos.

Desde o momento em que a Universidade inicia a difusão fora dos muros, não se limitará a esse terceiro nível educativo que é específico – pois nesse caso falaria aos ingressados de suas aulas ou aos pertencentes ao mesmo posto, a todos que ela pode incorporar nos planos de difusão intramuros –, mas sim justamente ao resto confuso e majoritário dos que carecem de educação.

Não é fácil se adaptar a tão variados níveis, nem dispor dos recursos intelectuais e das metodologias que se adequam a suas exigências, mas a primeira imposição é justamente essa: adaptar-se aos estratos culturais, atender a suas demandas urgentes. Dito assim, pretenderíamos abarcar a totalidade social; o que é muito plausível mas também utópico, se avaliarmos as possibilidades econômicas reais com que contam os serviços de extensão nas Universidades latino-americanas. Ainda que fossem reforçadas consideravelmente – e o deveria ser para que pudessem contribuir para a política de integração preconizada –, não poderiam servir a todas as demandas da sociedade, sem contar que ela dispõe de outros instrumentos para atender a aspectos da divulgação cultural. Por exemplo: é legítimo pensar que, em situações de emergência, os universitários teriam que contribuir com a instrução elementar do ensino até as primeiras letras; mas, em situações normais, isso cai dentro do campo de trabalho dos órgãos educativos de primeiro e segundo nível, escolas e liceus, a quem cabe a alfabetização do país. Importa assinalar porque não há dúvida de que uma das primeiras tarefas dos países latino-americanos é a erradicação do analfabetismo, completando os esforços já realizados, contudo, não estamos considerando os estados de urgência, necessariamente temporários, mas sim um funcionamento regular de um serviço de difusão.

Preferíamos encará-lo como um serviço que deve atender aos distintos setores da sociedade – tanto rurais como urbanos –, ajustando-se a suas demandas, segundo uma ordem de prioridade que não negligencie os enfoques de cultura geral. Entre essas prioridades, está a atenção dos grupos que se encontram à margem da cultura – às vezes, inclusive, da própria nacionalidade –, para os quais o mero conhecimento de seus direitos civis já é um aporte considerável. Essa ampliação social dos serviços culturais deve ser sublinhada porque tem sido negligenciada por muito tempo, substituída pela exclusiva tarefa para a burguesia urbana ilustre. Essa tem recebido sobre-doses de culturalização, complementado sua preparação por diversos institutos educativos do Estado, no entanto, o resto da sociedade adoecia de total abandono cultural.

Daí nossa sétima tese:

7 – A DIFUSÃO CULTURAL EXTRAUNIVERSITÁRIA SE ADEQUARÁ ÀS DEMANDAS DOS DISTINTOS NÍVEIS SOCIOEDUCATIVOS, DAS ZONAS RURAIS E NÃO SÓ URBANAS, COORDENANDO COM OS RESTANTES

ÓRGÃOS CULTURAIS UM PLANO QUE CUBRA SUAS CARÊNCIAS E OS INTEGRE À COMUNIDADE.

OITO

A missão que lhe conferimos, segundo a tese anterior, se veria facilitada se conseguissem ajustar a esse objetivo os instrumentos de trabalho e, sobretudo, seus manipuladores. Se, depois de interrogar-nos sobre o "para quem", nos perguntarmos sobre o "por quem", teremos posto a atenção na estrutura, nas funções e nos executivos dos órgãos divulgadores das universidades.

Eles foram encarados, como regra, como institutos administrativos, mais que culturais, e em algumas ocasiões como serviços recreativos destinados ao consolo dos estudantes. Daí que em alguns lugares dependeram dos Serviços Sociais ou dos Departamentos de Estudantes, e não dos Reitorados, como é, entretanto, a norma mais recebida; e, em outros lugares, combinaram-se com comissões paritárias de professores e estudantes.

Se nos parece correta sua implementação ao nível de Reitorados, dado que lhes atribuímos uma função educativa superior para a Universidade e para a comunidade externa nacional e continental, parece-nos uma troca errônea que se considere como simples oficinas administrativas aquelas em que cabe publicar revistas, organizar sessões de cinema ou música, exposições itinerantes e muitos painéis ou debates.

Sua missão é a mais delicada, e o fato de que não podem ser assimiladas a escolas ou institutos docentes, não diminui a reivindicação de condições especiais de funcionamento, algumas das quais poderiam ser enumeradas, para definir suas características básicas: diretores executivos e não conselhos deliberativos devem ocupar a cabeça desses serviços, porque exigem uma extraordinária e incessante executividade, tendo em vista a variedade de planos a pôr em prática, o crescente número de pessoas que hão de participar e o contato permanente com a demanda do público; uma alta capacitação intelectual para esses diretores, especialmente em referência ao campo da cultura latino-americana, já que sem ela mal poderiam enfocar sensivelmente nos problemas de um plano de integração, de um trabalho modernizador, de um resgate do acervo tradicional; a independência de ação, livre de ingerências dos poderes políticos, condição que reitera uma qualidade dos órgãos universitários autônomos, mas que tem alívio particular nesse caso, porque a difusão cultural externa se aplica à sociedade inteira e, portanto, deve atuar livremente a partir das consignas universitárias, sem depender dos interesses parciais ou conjunturais da política pequena.

Executividade, capacitação latino-americanista e autonomia – são as condições para que opere um diretor de Departamento, mas nem ele sozinho pode fazer frente a uma tarefa complexa, nem é benéfico que não participem os diversos estratos universitários, já que só a intervenção plena deles pode dar à extensão cultural o braço forte para penetrar no meio social.

Por isso, seria conveniente distinguir dois planos nessa complementação de tarefas, aos quais correspondem os dois setores que condicionam a atuação do Diretor de Extensão Universitária. Por uma parte, a estrutura interna de distribuição de trabalhos, que ao menos deveria incluir cinco seções:

1 – audiovisual, consagrada pelas diversas formas de comunicação massiva e o funcionamento do espetáculo (cinema, rádio, teatro etc.), assim como o trato de linguagens publicitárias do momento;

2 – editorial, à qual compete a publicação de revistas, boletins, bibliotecas de divulgação, séries de estudos superiores, cartilhas educacionais e em geral todos os materiais impressos que usam a palavra e a imagem;

3 – uma terceira seção educativa, a fim de implementar cursos e oficinas para cumprir em diversos lugares do país ao nível da própria Universidade, assim como as diversas atividades intelectuais (painéis, conferências, congressos, debates etc.);

4 – uma quarta, de ordem administrativa e econômica, destinada à fiscalização, em ambos os aspectos, do funcionamento das restantes;

5 – uma quinta representada por um centro de pesquisa, a serviço exclusivo dos planos do Departamento, capaz de uma análise de campo, assim como de uma avaliação dos manuais de divulgação, de um estudo das mais favoráveis formas da cultural oral nas zonas rurais como de uma estimação do uso de sistemas de experimentação musical.

O outro plano é o da assessoria geral: um conselho que recolhe as distintas correntes de opinião, as tendências do meio universitário. Não simplesmente um conselho onde professores, estudantes e administradores colaborem com um diretor executivo, mas sim que seja uma expressão proporcional das diretrizes que regem o corpo universitário. Nesse setor, é importante a participação de estudantes na realização concreta dos sucessivos planos, tanto os correspondentes à vida do campus universitário como os aplicáveis ao meio externo. A intervenção massiva dos estudantes proporcionaria alguns benefícios, diretos alguns e indiretos outros, tanto para os planos como para a formação dos alunos. Enumeramos alguns:

1 – canalizar-se-iam as energias estudantis, habitualmente orientadas para os assuntos sociais, em direção a uma tarefa concreta que os permitiria cumprir com seus propósitos, mas ao mesmo tempo entrando em contato real com o meio que para eles é muitas vezes um esquema imaginário e ao qual se devem acostumar a avaliá-los segundo seus próprios valores;

2 – diminuir-se-ia o distanciamento existente entre o estudante e a sociedade, mostrando à segunda que o primeiro é um corpo juvenil a seu serviço e interessado em sua melhoria, e não simplesmente um setor segregado da sociedade e colocado em situações de privilégio;

3 – facilitar-se-ia a integração cultural, já que mal podemos falar de integração de diversos países se não começamos por integrar as sociedades de cada um deles, educando, neste passo, para esta tarefa que, por sua maior capacitação, terão que desempenhar no futuro, tendo papéis protagonistas na condução de seus países e nos eventuais planos de associação supranacional;

4 – cumprir-se-ia uma educação indireta do corpo discente, não menos importante que a dada pelas aulas, ao romper o sistema

de dependência e de passividade ao qual o reduz, tornando-o um agente protagonista da Universidade no meio, a quem se encomenda uma obra social apelando a seus conhecimentos adquiridos;

5 – enriquecer-se-ia a extensão cultural e seu alcance com a participação dos jovens, cuja sensibilidade, estilo, interesses reforçariam o leque de tendências e grupos sociais a que se deve chegar.

Essas características permitem enfocar nessa segunda pergunta sobre o funcionamento de divulgação – por quem? –, recomendando uma participação global dos setores universitários, não meramente os funcionários de um escritório administrativo, sob uma condução dinâmica e executiva.

Por isso concluímos com essa oitava tese:

8 – EXECUTIVIDADE, CAPACITAÇÃO LATINO-AMERICANISTA E AUTONOMIA SERÃO AS CONDIÇÕES DE UM SERVIÇO DE EXTENSÃO CULTURAL, QUE DEVE CONTAR COM A PARTICIPAÇÃO DE TODAS AS ORDENS UNIVERSITÁRIAS, EM ESPECIAL OS ESTUDANTES E OS ASSESSORAMENTOS TÉCNICOS MODERNOS.

NOVE

Os institutos dedicados à culturalização do meio foram chamados de várias maneiras, sendo as mais frequentes "Difusão ou Extensão Universitária". Esses termos recorrem com rigor a um conceito elitista da cultura, segundo o qual ela é a propriedade de um grupo social educado, quando não de uma classe, que é seu depositário e transmissor, seja para os descendentes desse mesmo círculo fechado, seja para o conjunto que está fora e ao qual chega como um gracioso donativo às vezes tingido de eticidade.

Na experiência habitual, a difusão cultural se transforma numa rotina, que se torna intensificada por tratar-se da maneira mais cômoda de funcionar e que complica menos as suas autoridades: segundo essa rotina, quem são os donos da cultura a transmitem aos que não a possuem, sob a forma de imagens, conceitos ou objetos. A ideia central de transmissão do alto ao baixo fica sublinhada pelas formas do ato em que se cumpre: o teatro, a conferência e a exposição. Em cada uma dessas formas, distinguimos nitidamente o doador e os agraciados por sua doação, colocando o primeiro, em um cenário, em um público, pendurado nos muros sob a linha de luzes, colocando o resto conjuntamente como uma massa indiscriminada para que receba o material a ser fornecido.

Tais formas da difusão são herdeiras da educação tradicional: imitam o mestre e seus discípulos em diversas instâncias e expressões, ou seja, um sistema antiquíssimo de que nos tem fornecido a cultura da oralidade e também a do espaço visual uniforme do alfabeto que diria McLuhan, e que temos mantido e fortalecido pelo apoio que a estrutura social classista prestou durante séculos. Embora esse sistema tenha provado ser confuso e insatisfatório desde o advento do romantismo, por causa da rebelião dos jovens, a sociedade, entretanto, tem seguido agarrada a um sistema arcaico. Segundo ele, os maiores são sábios e, portanto, são agentes dinâmicos da cultura, e o resto são integrados como quem não sabe e enquanto elementos passivos. A comunicação se efetua, então, em uma só direção. Isso foi possível por muito tempo, graças a um arbitrário recorte da totalidade do conhecimento que isolou dela um determinado campo de especialização, em que se pôde artificialmente manter a via única de comunicação do mestre ao discípulo. Mas quando se sai desses artifícios da aula e se reconstroem a totalidade social, fracassa o princípio autoritário que informa esse regime educativo.

O sistema entrou num colapso da orbe ocidental; a cultura foi abalada em suas bases aparentemente firmes e não se observa ainda uma solução nova para reconstruir o processo educativo, havendo apenas centenas de proposições discordantes que estão em pleno debate. Mas ao menos se sabe já que não deve ser a educação: antes de tudo, não deve ser a opinião autoritária do "mestre", porque isso não era outra coisa que uma consolidação ao nível educativo do poder e da autoridade cultural destinados a perpetuar o discípulo e a quebrar a originalidade criadora. Se, dentro da Universidade, esse sistema entrou em quebra, compreende-se que muito menos poderá aplicar-se à difusão fora dos muros, já que ela deve abordar setores que estão bem distantes do processo de racionalização educativa e do concomitante avanço da submissão às ordens do discurso intelectual. O público a que deverá se dirigir a difusão cultural conserva valores pragmáticos, em resumo, uma cultura, na medida em que não tem sido ainda devorado pelos meios de comunicação massiva, e essa cultura deve começar por aceitar-se e não pretender uma substituição dogmática.

O sistema de caridade cultural, graças ao qual os sábios distribuem algumas migalhas de cultura aos incultos, é inviável se apostamos uma sociedade renovada, livre, soberana, rechaçando a sociedade domesticada, burocrática, passiva e disciplinada que propõe os velhos esquemas burgueses e alguns só aparentemente novos esquemas socialistas de educação. Talvez nos traços agravantes desse sistema de caridade deva buscar a explicação do porquê de as massas populares se distanciaram dos melhores expoentes da arte e literatura que se ofereciam por esses canais, preferindo os materiais pseudoculturais dos órgãos comerciais que apelavam às formas participativas e mais atentas às suas invenções peculiares – sejam elas primárias ou vulgares, ao menos eram reconhecidas como elementos de um diálogo.

Mas, além do erro que vemos no sistema educativo, há outro que deve ser elucidado e que é uma dessas pedras onde volta a golpear a cultura uma vez e outra. Trata-se do rechaço que opõe os cultos a toda outra forma de cultura que não seja a transmitida pelos canais alfabetos universitários, aceitando só o folclore das manifestações espontâneas do vulgo, porque correspondem a uma reminiscência de épocas e formas já mortas. Sua oposição é em especial às formas distorcidas, mas reais, que aparecem nos níveis inferiores, populares, de uma sociedade, às quais – apelando aos antropólogos para não fazer uso da já clássica teoria engelsiana [de Engels] das duas culturas – corresponde uma invenção original, subjacente, de distinto sentido, modificada parcialmente pelas expressões da cultura oficial que rege as classes dominantes. Nelas se expressa um considerável grupo social, partindo muitas vezes de materiais já fabricados, que submete a uma nova articulação tal como na forma do "faça-você-mesmo", criando o campo propício para o surgimento de culturas novas, gêneros artísticos, estilos literários etc.

A partir dos argumentos anteriores, compreender-se-á que consideramos mal levantado o ponto e que não vemos como se "estende" uma cultura ou como a "difunde" num meio distante dela, já que a persistência dessas formas de comunicação não teria senão nos proporcionado uma igual persistência dos sistemas de dependência nas sociedades hispano-americanas e a validação de um regime conhecido cujos prejuízos hoje vemos com claridade: os enclaves de fábricas estrangeiras que limitam a transmitir ordens culturais a um meio autóctone com escasso discernimento e nenhuma atenção para o que nesse meio se pode criar, tratando de lhe pregar as imposições do código alheio.

Seria mais adequado levantar uma coparticipação cultural com os setores que estão desprovidos de informação ou necessitados de dados para suas operações criativas. Em troca desses materiais de que conta a estrutura universitária, tentaria uma construção em comum de produtos culturais, um aproveitamento das invenções de que a sociedade demonstra ser incessantemente capaz . O exemplo da língua é persuasivo dessa coparticipação, porque nela todos somos um, os da Universidade como os do vilarejo perdido na savana, e são simplesmente diferentes as invenções e a capacidade de reflexão crítica. Como alguma vez recordou Alfonso Reyes, o centurião romano teve mais visão do que Quintiliano em relação ao futuro da língua, acertando com a modulação criativa, boa parte porque não se sentia sujeito a nenhuma regra acadêmica nem a nenhum princípio de autoridade cultista.

A partir de outra abordagem do problema se podem recorrer aos conselhos de uma pedagogia moderna acerca de quão lenta e pouco eficaz é a educação passiva em que o aluno recebe um material que muitas vezes está longe de suas preocupações circunstanciais, e em oposição às vantagens de uma pedagogia ativa em que o estudante participa, expõe e analisa seus autênticos interesses, reivindicando a informação de que vitalmente necessita e propondo ele mesmo enfoques, questionamentos, soluções. Se assim pode ser visto o problema numa relação bem institucionalizada como é a do professor e do aluno universitário, coroação de muitos anos de domesticação num sistema pedagógico racional, poder-se-á medir a dificuldade que apresentaria na prática o traslado desse regime arcaico na relação dos educadores cultos da difusão (escritores, artistas, cientistas, atores) com um público nada enquadrado por hábitos intelectuais.

Por razões pedagógicas – pois – e pelas mais importantes de uma revisão dos valores e sistemas culturais da sociedade, não se pode seguir aplicando o velho método didático, reiterativo, da relação professor-aluno. Para encarar a difusão extrauniversitária, será necessário implementar um modo original, moderno, de criar o interesse dos grupos sociais e chamá-los para uma tarefa de elaboração cultural conjunta. Pode-se prever que a modificação do esclerosado método vigente terá como primeiros censores os próprios destinatários, acondicionados ao princípio de receber passivamente o material que lhes oferecem os mestres, confundido assim acesso à cultura com incorporação a um regime que simplesmente imita a rígida estratificação da sociedade.

Os mesmos problemas podem ser percebidos no exame da difusão dentro dos muros, apesar do grande costume de seus membros às formas da conferência e da dissertação docente. Mas se é óbvio que os professores seguirão preferindo, para toda tarefa conjunta, os seminários ou congressos em que se troca contribuições "entre pares", também os estudantes preferirão sempre uma tarefa pessoal, uma participação direta, uma criação. Mais importante que assistir a um espetáculo de cinema ou de teatro será construir um espetáculo de tal tipo, ainda que o resultado seja menos eficaz artisticamente; mais enriquecedor do que receber conferências será participar, mesmo que seja tumultuosamente, de centros de estudo e análises dos problemas que preocupam, começando pelos acontecimentos do dia na vida do país. A tarefa do Departamento de Extensão será a de proporcionar o que se necessita para esse trabalho próprio, seja um professor auxiliar, um livro, comodidades físicas ou materiais audiovisuais.

Por último, mais eficaz que um centro de estudo será uma ação criativa no meio social; e deveria ser o Departamento de Extensão o destinado a proporcionar os recursos para esse propósito, servindo os projetos que ele estime como gerando frutos para a educação dos estudantes e seu exercício direto da cultura.

9 – A DIFUSÃO CULTURAL OBTERÁ SEU MAIS ALTO RENDIMENTO – PROPICIANDO ASSIM AS CONDIÇÕES HUMANAS DE LIBERDADE E ORIGINALIDADE PRÓPRIAS DE UMA SOCIEDADE FUTURA PLENA – CASO SE TRANSFORME NUMA COPARTICIPAÇÃO CULTURAL DOS DIVERSOS SETORES SOCIAIS, DESENVOLVENDO AS POTENCIALIDADES CRIATIVAS DA COMUNIDADE INTEIRA.

Esse aparato, esses métodos, esses destinatários, esses produtores farão circular e desenvolver uma cultura que se definiu, nas suas linhas gerais, através das cinco teses iniciais, e que será a obra do esforço comum de uma sociedade, em que são abolidos educadores e educandos e em que a Universidade se situe no centro da vida da sociedade, como um encontro dos habitantes. O que ficaria por definir seria quais materiais concretos e quais expressões seriam mais convenientes para fundamentar a cultura da integração latino-americana.

Os apoios explicativos dessa cultura deveriam ser buscados na filosofia, nas ciências sociais e nas letras, reconhecendo, portanto, que junto às disciplinas que constituíram o núcleo humanístico tradicional (filosofia e letras) se agrega uma derivação moderna (as ciências sociais), porque se constitui no instrumento apropriado ao diagnóstico do meio, à sua calibração para uma ação conjunta. Essa tríade ficaria situada num mero terreno especulativo e não alcançaria expansão considerável em sociedades que, como as dos países latino-americanos, não estão acostumadas majoritariamente ao seu cultivo, apesar do extenso raio que cobrem as letras, caso não concorram também as artes visuais como mediadoras privilegiadas a completar o quadro de fundação.

É óbvio que toda cultura abarca uma multiplicidade de disciplinas vinculadas entre si, e que, se encaramos o fornecimento dos estratos sociais de suas demandas culturais primeiras, não se poderá descuidar, em qualquer plano de difusão, das mais diversas manifestações: científicas ou técnicas, jurídicas ou biológicas, psicológicas ou matemáticas. Portanto, elas não são abandonáveis em benefício de outras. Mas se deve atender particularmente a essa articulação de tendências capitais que concorrem para projetar um mapa cultural interpretativo da vida dos homens: a cosmovisão que permite atuar sobre a realidade e construir um destino comum.

Para esse fim, as ciências sociais provêem uma explicação de lugar, de composição, de herança e de função da comunidade; a filosofia, o sentido e a missão que elevam ao grupo social por cima das circunstâncias e o projetam a uma realidade superior; a literatura alcança os membros da coletividade, as imagens persuasivas, através das quais se tocam e reúnem seus integrantes. Por sua vez, as artes visuais proporcionam a tudo isso uma ampliação vertiginosa do raio das disciplinas estritamente intelectuais, manejando um sistema de imagens cujo código é frequentemente impreciso, mas abrangente a partir de uma totalidade de experiências humanas. Em torno desse núcleo, como ao redor de Aldebarã, ordena-se a constelação inteira das demais atividades que compõem a orbe cultural, respondendo ao curso que determina seu núcleo brilhante e ativador da sociedade.

Não é imaginável uma cultura monolítica, definida como uma cartilha dogmática, a não ser em raros períodos de violenta unificação da sociedade diante de uma ameaça, interna ou externa, ou em períodos de simplicidade extrema de recursos. O normal é uma condição de complexidade e dinamismo, que traduz o devir constante transformador de nossa sociedade, que se tornou agudo em nosso tempo, porque toda a América Latina vive as instâncias prévias ou os primeiros passos de uma revolução que há de mudar suas bases, sua estrutura básica e as relações socioculturais de seus habitantes.

Essa nota dinâmica será a que rege a cultura da integração, arrastando, portanto, por um lapso de duração imprevisível, mas provavelmente extensa, numerosas contradições, tensões e rupturas internas, desassossegos e inseguranças. Esse dinamismo se duplica pela crescente complexidade da sociedade latino-americana, que soma diversos momentos de uma evolução histórica, convivendo em um mesmo espaço tempos diferentes, mas já dentro das ordens da moderna estrutura industrial que determinam e rearticulam as demais partes do vasto corpo social.

Uma cultura que já é complexa, que ingressou em uma dinâmica transformadora, que arrasta, entretanto, um passado remoto, que está sacudida por todos tipos de oposições conflitivas em que as internas remendam as externas, e que ascende ao momento de sua eclosão coincidindo com uma violenta universalização da totalidade civilizada – essa é a base de que irá se dispor o esforço de integração. Não se pode esperar outra coisa em uma etapa crucial em que presenciamos a superposição de três processos, cada um dos quais é suficientemente importante e complicado para merecer um trato independente. São eles: o de transformação socioeconômica da América Latina, quebrando as relações de dependência externa; o de sua absorção e adaptação nacional dos sistemas da modernidade, tal como se vem traduzindo na urbanização violenta, na industrialização (leve ou pesada) e no desenvolvimento do Estado centralizado; o da integração interna de distintos países, gerando novamente as áreas culturais a que pertenciam, mediante os pactos econômicos. Esses três processos vão acompanhados de diversos grupos sociais, mas, além disso, esse debate se projeta sobre um pano de fundo em que a confusão e a ignorância dominam a maioria dos setores. Por isso, não é surpreendente que a cultura latino-americana do resto do século XX se pareça mais com uma erupção vulcânica do que com um prado cultivado.

Essa situação previsível convoca, como elemento de contrapeso e de ordenamento, essa necessidade de uma cosmovisão norteadora, que estabeleça uma rota e em torno da qual se ordenem as diversas maneiras do conhecimento. Alguns princípios culturais essenciais devem se encontrar e se propor como norma da aventura integradora, que não são os de somar simplesmente diversos costumes, histórias artísticas e tendências filosóficas, mas sim os de reunir grande coletividades afins em torno das linhas culturais criativas que se constituem, para elas, em sua vontade harmônica de futuro.

Dessa doutrina, podemos logo fazer descender a multiplicidade de expressões que provam que essa cultura convoca um sempre renovado exercício de liberdade, chamando para a participação de todas as disciplinas, e logo descender também as formas materiais que assumam as expressões culturais, já que só no concreto e no real se pode fazer funcionar o espírito norteador. Essas formas materiais da difusão cultural poderiam ser enumeradas em listas detalhadas que não superariam as já conhecidas e muitas vezes apresentadas: coleções de folhetos educativos, bibliotecas de cultura latino-americana, centros de estudos, empresas educativas vizinhas ou regionais, exposições didáticas itinerantes, concursos etc. [Sem elas], ficaríamos aprisionados em formas consolidadas, que por sua vez correspondem a uma Universidade consolidada, que por sua vez é filha de uma sociedade igualmente imóvel, fixa e esclerosada. Compreende-se isso nitidamente caso se observe de onde procede a insuficiência dessa lista de formas de comunicação cultural.

A pretensão da Universidade como centro orientador da cultura de um país é hoje em dia uma mera ilusão que recolhe uma grande esperança do século XIX e é mantida como se ainda estivesse nessa época. A Universidade atual somente consegue reger a cultura nacional na medida em que segue formando em suas aulas, como sediciosas profissionais, uma parte considerável dos dirigentes políticos e dos assessores técnicos dos governos. Mas, há aproximadamente quarenta anos, a Universidade foi superada pelos canais de comunicação de massa em sua principal missão educadora exatamente desde a irrupção no continente, por volta dos anos 1920 ou 1930, dos meios de comunicação de massa (cinema, rádio, depois televisão), que foram contemporâneos do desenvolvimento acelerado do periodismo, incorporando-se no mercado leitor os contingentes alfabetizados pelas leis de educação comum (jornais, revistas ilustradas, revistas de historietas etc.).

Quem hoje em dia educa mais tempo e mais gente são a televisão, o cinema, o rádio, as revistas ilustradas, ainda que, a modo de compensação, eles eduquem por menos tempo e com muito maior fragilidade, num exercício de cultura epidérmica, sensorial, confusa e carente de esqueleto interpretativo. A sociedade está nas mãos

desses agentes e eles pertencem às empresas comerciais, algumas vezes a organizações financeiras e, em menos casos, excepcionais, ao Estado (que, ademais, nunca tem recursos para competir com os particulares). Mas essas empresas privadas, que deslocaram a Universidade como educadora, não respondem a uma estrutura nacional, pois funcionam dentro de uma ordem de índole internacional. Quem inventou nos centros industriais do planeta os meios de comunicação de massa, quem vendeu os instrumentos técnicos para seu manejo, é também quem provém dos materiais que utilizam esses canais de comunicação, conservando desse modo a direção central da tarefa educativa. Os centros de produção de filmes, de séries televisivas, as agências informativas de imprensa, as empresas de revistas divulgadoras e de historinhas para crianças trabalham desde as capitais industriais até um campo universal em que a América Latina cai sob a órbita da seção ocidental dessas capitais. São materiais embalados na origem, que são remetidos para que funcione a rede de comunicações criada, dado que ela não pode se sustentar ao nível de pequenas nacionalidades e já exige participação de grandes mercados econômicos para alcançar rendimento. Os novos descobrimentos tecnológicos não fizeram senão consolidar e remarcar a dependência dos instrumentos de comunicação dos países latino-americanos (salvo a exceção cubana) em relação ao centro produtor norte-americano. A aparição dos satélites artificiais dedicados a transmissões permitiu uniformizar com maior violência as comunicações, concedendo-lhes uma falsa perspectiva planetária (que na realidade é uma perspectiva euro-
-norte-americana) e fazendo com que a América Latina toda, ao

mesmo tempo, receba as mesmas mensagens – expedições lunares, combates de boxe, missas celebradas, reuniões de mandatários políticos, guerras de estrelas cinematográficas – em uma imensa tarefa de homogeneização e de unificação cultural que, entretanto, não está a serviço da cultura latino-americana tradicional ou modernizada, mas sim a serviço da expansão de uma pseudocultura (visto que é fundamentalmente um produto comercial, quando não ideologicamente pautado) que vem dos Estados Unidos e que representa as perspectivas desse país.

A Universidade nada poderá fazer para fomentar uma cultura latino-americana se persiste em manejar as velhas formas de comunicação cultural que fizeram sua glória em séculos passados, se não se levantar uma abordagem dos meios de comunicação massiva dentro de uma técnica ágil e moderna, portanto, competitiva com a dos fabricantes internacionais. Para isso, é indispensável que também se consiga desconectar desses instrumentos de sua dependência os interesses alheios, externos, que não só trasladam uma visão não latino-americana dos temas mundiais, mas também frequentemente aportam uma imagem falsa e distorcida da nossa própria realidade: esse mexicano ladrão e traiçoeiro, sujo e ignorante, que dorme à sombra de um cacto depois de matar por capricho, em vez de ser uma imagem de nosso mundo – trata-se dos propósitos que animam os meios massivos de comunicação a serviço de uma ideologia de grande nação, uma ideologia chauvinista e depreciativa da nossa idiossincrasia e natureza. Caso não consiga contê-la, a cultura da "nossa América" acabará por se integrar a ela, , e assim já não poderá se chamar "latino-americana".

10 – A DOUTRINA INTEGRADORA DEVE RESPONDER A UMA COSMOVI-
SÃO CULTURAL LATINO-AMERICANA QUE TRAGAM IMAGENS COM-
PLEXAS E DINÂMICAS DE UM CONTINENTE EM EBULIÇÃO, UTILIZANDO
A FUNDO OS MEIOS DE COMUNICAÇÃO DE MASSAS EM SEVERO EN-
FRENTAMENTO COM A DOUTRINAÇÃO EXTERNA.

A BIBLIOTECA AYACUCHO COMO INSTRUMENTO DA INTEGRAÇÃO CULTURAL LATINO-AMERICANA

Integração cultural é base e legitimação dos vários projetos de integração econômica ou política que foram projetados na América Latina. Se, por um lado, é a recuperação das origens comuns, por outro é a reintegração no sonho utópico que, vez após outra, ressurgiu nos libertadores, em todas as ocasiões em que as enormes transformações ocorreram nas sociedades latino-americanas. De tal modo que, sendo uma vasta recuperação do passado, em grande parte perdido ou esquecido, a integração cultural é uma tentativa revolucionária que, como tal, propõe-se um futuro, construindo a visão utópica de um continente e de uma sociedade ideal. Nessas condições, o passado não é recuperado em função de arquivo morto, mas como um repositório de energias vivas que sustentam, esclarecem e justificam o processo de avanço e transformação revolucionária. Assim foi de Tupac Amarú a Ernesto Guevara, passando por esse momento privilegiado que representou Simón Bolívar, que, junto com a liberdade das colônias e a convocatória do Congresso Anfínico, não parou de propor a leitura dos Comentários Reales del Inca Garcilaso como fonte de informações sobre a realidade original da América. Não é casualidade que em todos esses momentos vertiginosos de transforma-ções projetadas para o futuro (insurreições do XVIII, emancipação, revoluções mexicana e cubana, bem como nos múltiplos momentos de reformismo acelerado que testemunharam mudanças sociais e econômicas significativas) as sociedades reconsideraram as suas mais remotas origens em civilizações indígenas ou têm reavalia-do a contribuição cultural dos povos preteridos e profundamente enraizados no curso histórico autóctone, sejam crioulos, mesti-ços, camponeses, marginais, urbano, ultimamente trabalhadores, reconhecendo-os como portadores de um sentimento, ainda mais do que nacional, continental, e, portanto, capazes de restabelecer o persistente desejo de integração cultural da região que mal cha-mamos de latino-americana.

Em outros termos, o impulso de integração cultural nasce da visão ideal de futuro (portanto de insatisfação com o presente e de reconhecimento da capacidade de modificá-lo), e se legitima em uma leitura seletiva da tradição cultural passada.

O projeto do futuro é, simultaneamente, o do passado, apli-cando-se a cada um dos campos diferentes a mesma capacidade de invenção: não é menor a originalidade posta na construção do passado que invertida para elaborar a visão do futuro e nunca se afirmará suficientemente o quão indispensáveis são ambos terri-tórios para o exercício pleno da liberdade e da ação criativa do homem. Não seria possível visualizar o mundo por vir se não se contasse com o apoio e legitimidade que fornece a lição histórica, e esta seria sem sentido se não respondesse à iluminação de que dota a visão resplandecente do futuro.

Essa ótima conjugação dos dois pólos que regem o campo de forças tropeça em dois diferentes tipos de armadilhas, que por sua vez se referem à mesma carência cultural: os projetos de transformação futurista procedem em sua maioria de teorias geradas fora da região, as quais são aplicados mecanicamente às condições internas latino-americanas, sem atenção suficiente às suas características peculiares; e a relação à contribuição do passado para o melhor conhecimento do comportamento das populações se encontra dificultada por uma notória falta de memória, que naufragou no esquecimento vastos painéis da história. Em ambos os lados há um empobrecimento cultural que coloca em risco o necessário processo de transformação e a indispensável inter-relação cultural do continente, pelo que se resulta na reposição urgente das formulações feitas por José Martí nos finais do XIX, alarmado para as terríveis consequências do "livro importado" e pela ignorância da história e realidade americana que percebia no funcionamento da *intelligentsia*. De fato, a incorporação dos corpus ideológicos europeus de forma mecânica tem resultado em verdadeiras catástrofes sociais e longos sofrimentos, tratando-se de erros cuja repetição dá motivo para as maiores preocupações. O desmantelamento brutal das sociedades autóctones pela imposição do modelo europeu trazido pelos conquistadores é reiterado no século XIX com a incorporação do modelo liberal que levou a um século de guerras e decomposição social. Podemos temer que os diferentes projetos em jogo contemporâneo, do plano desenvolvimentista até o socialista, funcionem na mesma mecânica perigosa, que não atende à singularidade latino-americana. Essa negligência é reforçada pela perda de memória da coletividade, que, como já foi observado, leva a tropeçar várias vezes nas mesmas pedras e a refazer fantasmagórica e tragicamente o que já foi vivido em outros tempos.

Essa história da América que, segundo Martí, devia se conhecer à risca, segue sendo o grande ausente no debate intelectual da nossa época. Esse enfraquecimento a que chamaríamos de pólo tradicional, onde se sobrepõem as experiências criativas cumpridas pelos homens da região, afeta o funcionamento de todo o campo de forças e não faz nada além de fortalecer a força impositiva do pólo externo que transmite os impulsos internacionais, que então tendem a ser aplicados diretamente, de acordo com seus canhões originários, sem reconhecer a especificidade do novo território ao qual chegaram. Dentro do processo de construção que Wallerstein chamou de "economia-mundo" e cujas bases são colocadas com a conquista europeia do continente americano, é impensável qualquer solução de convivência latino-americana que não assuma como necessária a incorporação, não apenas econômica, mas também amplamente cultural, numa esfera internacional. Mas o papel que nela haverá de desempenhar a América Latina será meramente auxiliar, e carente de autonomia e criatividade, se esse pólo externo não for compensado por outro interno, que o equilibra e regula. Esse pólo interno está representado, em primeiro lugar, pelas necessidades atuais dos povos latino-americanos, pela demanda de fazer uma completa expansão produtiva; mas, no nível da vida espiritual, o apoio, a energia, a potencialidade dessas demandas revertem para a acumulação que tem sido feita ao longo do tempo e constitui a história comum.

Na medida em que a região já não está mais constituída por sociedades do tipo tradicional, que conservam e transmitem internamente uma memória mítica de si mesmas, o passado só pode ser assumido como uma lição intelectual, consciente e reflexiva. É uma vontade de conhecimento e, portanto, uma incorporação criteriosa e seletiva da atividade realizada pela coletividade, à luz das necessidades do presente. É, portanto, um discurso intelectual coerente que interpreta um conjunto muito variado.

Para essa dialética da integração cultural, respondeu-se com o estabelecimento da Biblioteca Ayacucho, que foi criada pelo decreto nº 407 do presidente da Venezuela Carlos Andrés Pérez no ano 1974, dentro do marco de eventos comemorativos do sesquicentenário da Batalha de Ayacucho, travada pelos exércitos patriotas, sob o comando do Grande Marechal Antonio José de Sucre, e que culminou na longa guerra da independência da América do Sul. Desde 1978 se constituiu uma Fundação patrocinada pelo governo da República da Venezuela, sendo concedida autonomia de funcionamento sob a presidência do Dr. José Ramón Medina. Foi inicialmente concebida como uma biblioteca fechada no número de alguns 500 volumes, que coletaria a validade do legado civilizador da América Latina, a partir dos textos pré-colombianos até a contemporaneidade, através de uma seleção de autores e de obras fundamentais nas disciplinas variadas de letras, filosofia, história, pensamento político, antropologia, arte, folclore e outros.

Desde o inicial Seminário da Cultura do Latino-americana, que foi realizado em Caracas em 1976, reunindo um grupo de especialistas de várias disciplinas para projetar o plano geral da coleção, a Biblioteca Ayacucho foi governada por alguns princípios básicos que padronizam suas publicações, que já se encontram perto dos cem volumes neste ano de 1980:

1. É acima de tudo uma Biblioteca concebida com um critério culturalista latino-americano, que tenta recolher as contribuições centrais de construção de uma cultura original que tem sido realizada no continente de suas origens. Isso significa que, junto à contribuição central representada pelas letras em seus vários gêneros, se atende igualmente à filosofia como à história ou ao pensamento político; à estética ou à teoria das artes como à antropologia, à economia e à sociologia. Essa característica claramente a distingue dos projetos similares anteriores, dos quais a Biblioteca Ayacucho é continuadora e aperfeiçoadora. Com o mesmo nome, o venezuelano Rufino Blanco Fombona publicou nos anos 1920 uma coleção em Madrid, consagrada exclusivamente aos textos de história, realizando uma tarefa notável de disseminação do pensamento dos libertadores e de sua grande tarefa militar e política. Mais vasta e estruturada foi a Biblioteca Americana que Pedro Henríquez Ureña projetou para o Fundo de Cultura do México e publicou como um tributo à sua memória, a qual foi centrada nas obras literárias até os anos 20 deste século, aproximadamente, embora coletando do período colonial inúmeras obras da história. Por último, cabe registrar a coleção latino-americana mais dinâmica da Casa das Américas, de Cuba.

A Biblioteca Ayacucho busca levar a cabo uma visão panorâmica mais ampla do que os prestigiados modelos anteriores, reunindo múltiplas disciplinas, como já foi visto nos volumes publicados onde, juntamente com a obra literária de Rubén Darío ou José Martí, encontram-se os escritos doutrinários de Simón Bolívar ou a ideologia política de Frei Servando Teresa de Mier, o pensamento da emancipação ou o pensamento conservador do século XIX. As grandes obras da antropologia do século XX devidas a Gilberto Freyre ou Fernando Ortiz, as ideias econômicas dos iluministas do século XVIII ou a filosofia dos positivistas.

Essa concepção não só responde à importância que as disciplinas plurais tiveram na constituição das peculiaridades da cultura latino-americana e a necessidade de reintegrá-las em um único corpus para mostrar o processo criativo desenvolvido ao longo da história pelos homens do continente, mas também à situação particular em que se encontram gêneros literários ao longo dos séculos na América Latina, misturando-se de forma imprevista e ricamente inventiva de acordo com as necessidades culturais das sociedades onde foram produzidas. Textos capitais como o Facundo, de Sarmiento, ou *Os Sertões*, de Euclides Da Cunha, têm unificado a análise sociológica, política e até antropológica com formas estilística da narrativa, assim como o continente tem uma produção volumosa de materiais autobiográficos, de Fray Servando a José Vasconcelos, onde a história, a narrativa, os documentos justificativos e a controvérsia política estão unidos. Essa situação é ainda mais complexa ao examinar a produção colonial de textos-chave como os de Pero Vaz de Caminha, Cristóbal Colón, Hernán Cortés, Inca Garcilaso de la Vega ou Bernal Díaz del Castillo, que superam os limites genéricos em que se forjaram e são reconhecidos, em alguns casos, como testemunhos literários, mesmo que com um escopo artístico não intencional.

2. Pelas mesmas razões culturalistas, a Biblioteca Ayacucho não se limita a coletar os produtos intelectuais emanados dos estratos cultos latino-americanos, mas presta homenagem à criatividade da sociedade como um todo e tenta registrar sua produção em seus vários estratos sociológicos. A atenção para os grandes cronistas cultos, que podem permanecer representados no trabalho de Inca Garcilaso de la Vega ou Francisco López de Gómara, anda de mãos dadas com a atenção aos cronistas-soldados ou ao cronistas-mestiços que lidaram com dificuldade o espanhol recém-aprendido, ao qual se deve a publicação da *Nueva Corónica* e *Buen Gobierno* do peruano Felipe Huamán Poma de Ayala, em sua primeira edição completa, incluindo todos os seus desenhos, ou o projeto da nova edição da *Verídica Historia* de Bernal Díaz del Castillo. Nesses casos, não estamos diante de escritores profissionais, mas sim privilegiados testemunhas de eventos históricos, que se expressam apelando para seus próprios recursos escassos, mas com um frescor, dureza e verdade que testam a capacidade para construir obras permanentes a partir de níveis não cultivados do conhecimento e das letras.

Essa concepção da produção escrita feita no continente permite incorporar na coleção numerosas obras nascidas em berços humildes. Algumas já foram pacientemente incorporadas nas letras pelo discernimento crítico de várias gerações precedentes, como é o caso da poesia gaúcha, do trabalho jornalístico de Fernández de

Lizardi, de textos do século XVIII, como *El Lazarillo Caminantes Cegos* de Carrió de la Vandera, mas muitos outros materiais ainda aguardam sua dignificação artística e cultural. É uma atenção bastante recente, neste sentido, pela produção oral do tipo tradicional que antropólogos coletaram nas últimas décadas dentro de comunidades indígenas ou negras. O volume *Literatura Guaraní del Paraguay* ou *Literatura Quechua*, o último fazendo um tour da produção oral da conquista até períodos recentes e o primeiro a participar de uma produção só conhecida neste século são algumas amostras do interesse na criatividade desses setores sociais oprimidos ou deixados de lado.

É óbvio que por essa mesma via serão reconhecidos, como partes importantes da cultura latino-americana de todos os tempos, os repertórios folclóricos de diferentes regiões que já tiveram compilações, mesmo que parciais. Esses materiais serviram como precioso instrumento cognitivo para que grandes grupos sociais, de preferência camponeses, expressassem sua concepção do mundo. A dominante tradicionalista e conservadora que os distingue não impediu, no entanto, que dentro de seu canal se registrassem as sucessivas mudanças históricas, que foram adaptadas para as linhas norteadoras de interpretação do mundo que esses grupos conduziam. A valorização artística desse material volumoso já é antiga e remonta à época romântica. Mas ela não se espalhou o suficiente à similar produção dos setores urbanizados, já letrados ou analfabetos, que se juntaram à modernização do final do século passado através das novas correntes ideológicas que vêm da Europa. Um livro como *Utopismo Socialista* não só registra os projetos utópicos que tentaram ser implementados entre 1830 e 1893 na América Latina, mas também concepções morais e artísticas com as quais os grupos de proletariados educados conceberam a sociedade futura. Esse volume, como o projetado em *Pensamiento Anarquista*, que vai prolongá-lo até o XX, implica a revalorização e dignificação dessa produção intelectual de estratos não cultos, que foi continuada e expandida ao longo do século atual.

3. Na medida em que a região que chamamos América Latina é um produto mestiço com contribuições plurais, autóctones ou importadas, decorrentes da expansão da civilização europeia, a cultura que a partir disso se criou não foi apenas o trabalho dos nativos, mas também de numerosos estrangeiros que se integraram definitivamente ou temporariamente ao meio, compartilhado suas vicissitudes e contribuindo em alguns casos na construção coletiva e universal. É neste sentido que a obra de Alonso de Ercilla, *La Araucana*, sobre os episódios da conquista do Chile, ou a obra de Juan Ruiz de Alarcón, que foi desenvolvida em Madrid e não se refere a questões americanas em geral, são consideradas parte indispensável da criatividade americana e marcos destacados da sua evolução histórica.

Esses princípios foram aplicados na Biblioteca Ayacucho de forma sistemática, não só no período colonial, mas também para os tempos mais recentes. Se no primeiro se reconheceu o interesse que apresenta o trabalho dos cronistas de origem estrangeira, que escreveram em suas línguas nativas, como Frezier ou Schmidel, entre muitos outros, nos séculos subsequentes se reconheceu a hierarquia dessas contribuições: assim, no século XVIII já foi incorporado um primeiro título do sábio alemão Alejandro de Humboldt, as *Cartas Americanas*, a que seguiram outras de suas principais obras, e no século XIX publicou novas traduções espanholas dos romances ingleses de William Hudson, *The Purple Land e Far Away and Long Ago*, capitais para o melhor conhecimento do campo rio-platense.

É sabido que a realidade americana tem sido investigada, descrita ou traduzida em obras de ficção, por inúmeros autores estrangeiros que usaram suas próprias línguas. Algumas de suas contribuições tiveram uma profunda marca formativa na evolução das diferentes regiões latino-americanas e foram muitas vezes úteis para torná-las objetivas aos olhos de seus cidadãos ou, nos casos em que se comportaram distorções grossas, para enfrentá-las e proceder à autodefinição em oposição ao discurso externo. Em ambos os casos houve um uso eficaz do desafio proposto a partir dos centros de poder econômico e cultural, cujos impulsos coletou, modificou e retrabalhou o continente ao longo dos séculos.

Essas tarefas devem reconhecer a integração da América Latina à cultura universal, em sua vertente ibérica primeiramente, romântica ou latina posteriormente e, finalmente, em uma perspectiva mais ampla que combina focos plurais de influência (Estados Unidos, Japão, Rússia) de acordo com os autores, regiões e momentos históricos. O reconhecimento desse pertencimento, já defendido por Antonio Caso, nada subtrai da peculiaridade original de suas manifestações ou para seus próprios sabores específicos de suas variadas regiões internas. Testemunha, no entanto, que essa cultura não é segregada a partir do conjunto universal, nem pode ser englobada fora dos parâmetros de pensamento desenvolvido em suas diferentes metrópoles. A tendência autárquica não é apenas inviável, mas também suicida e, em última análise, corresponde a uma atitude retrógrada ou conservadora. A importância quantitativa e qualitativa da contribuição cultural latino-americana deriva não só de suas fontes interiores, mas também de sua maneira desdobrada para se apropriar de invenções externas, transmutá-las e consolidá-las em si mesmas.

4. Publicar uma biblioteca da cultura latino-americana implica desenvolver, objetivamente através dos volumes, um discurso intelectual sobre a região. Um de seus pontos centrais é o desejo de integração que, a fim de ser realizado, obriga a lutar contra uma fragmentação e isolamento que durou séculos. Devido ao sistema administrativo em evolução da colônia, para o regime de monopólio da Coroa espanhola e portuguesa, para os conflitos entre ambas, para a fragmentação subsequente, em consequência das guerras da independência, para a intervenção imperial visando à consolidação de divisões internas, fortalecendo separações, e, por último, para as intervenções econômicas monopolistas, na América Latina tudo conspirou desde o início para dificultar a comunicação interna e desenvolvimento de um espaço cultural comum. Deve ser adicionado a isso que a vastidão e variedade do continente e as singularidades regionais derivadas de múltiplos fatores (étnicos, geográficos, econômicos etc.) levaram à formação de áreas culturais específicas, perfeitamente legítimas, cuja aproximação não é fácil, apesar de

disporem de laços históricos, linguísticos, religiosos ou políticos bastante consideráveis.

Tudo isso tem contribuído para conter a construção de um discurso cultural integrador, substituído por outros de um tipo nacional ou regional, e se em certas disciplinas, como economia ou sociologia, tem-se visivelmente avançado nas últimas décadas, o mesmo não aconteceu em disciplinas humanísticas, na arte, na música etc. Talvez o melhor exemplo dessa elusiva integração é representado pelo Brasil: sendo o maior país do continente, que por sua população representa um terço dos homens latino-americanos, e um território onde se desenvolveu com surpreendente harmonia desde o século XVIII uma evolução cultural constante, ampla e original, foi mantido à margem dos países hispano-americanos. Mesmo os países com os quais mantém fronteiras comuns, estes o viram com sentimentos oscilantes de distância, medo e relutância. Se houve notórios avanços na integração econômica ou cultural de várias regiões, como a dos países da América Central ou os andinos, favorecida pela comunidade de língua e de costumes, não houve o mesmo entre o Brasil e América Hispânica, que são os dois hemisférios principais da América Latina.

Por isso, a Biblioteca Ayacucho concedeu atenção especial à cultura brasileira, atuando em vários casos como uma introdutora para o espanhol de autores (Mário de Andrade, Oswald de Andrade, Lima Barreto, entre os do século XX) e garantindo que uma produção tão extensa, diversificada e qualificada como a do Brasil tenha uma representação na coleção de acordo com esses méritos. Esse esforço busca enriquecer a cultura hispano-americana, dentro da qual a Biblioteca Ayacucho é disseminada, trazendo produtos de alta qualidade da área vizinha (e desconhecida) de fala portuguesa, e ao mesmo tempo funciona como um desafio à cultura brasileira, que deve tentar uma tarefa semelhante de disseminação sistemática de letras, filosofia, história latino-americana, em relação ao que está em atraso. Os órgãos oficiais do Brasil cumpriram uma tarefa de um tipo tradicional, consistindo na disseminação de produções intelectuais do país dentro dos países hispano-americanos, mas eles não enfrentaram a autêntica tarefa integradora que envolve difundir conjuntamente contribuições de toda a América Latina, colocando-as no mesmo nível.

Se a Biblioteca Ayacucho se propõe um esforço de integração do Brasil, com mais razão que deve levar a cabo em relação a países ou regiões da própria América Latina que não desfrutaram de uma comunicação intelectual intensa com o resto da região. É o caso de Porto Rico, que devido às condições políticas em que viveu desde a ocupação americana de 1898, foi encontrado separado do ambiente cultural a que pertence e que é, obviamente, o hispano-americano. Os dois trabalhos já publicados, *La Charca* de Zeno Gandía e a primeira edição da *Poesía Completa* por Luis Palés Matos, que em breve seguirá um volume resumindo ensaios de Antonio Pedreira e Tomás Blanco, sob o título *Interpretaciones de Puerto Rico*, testemunham essa atenção pela recuperação, para a grande região latino-americana, da cultura porto-riquenha.

Mas há outro nível mais complexo em que se situa essa ânsia de integrar o discurso cultural latino-americano. Consiste na apresentação conjunta de grandes movimentos intelectuais ou políticos que foram vividos contemporaneamente por todos os países do continente, embora que separadamente, sem perceber a conexão em que atuavam. Dois exemplos Ilustram esse esforço intelectual para integrar, retrospectivamente, as tarefas intelectuais que foram vividas separadamente, dentro de campos regionais ou nacionais, apesar de que se tratava de vastos processos que afetavam por igual praticamente todos os países: trata-se do pensamento de *La Emancipación*, dois volumes preparados pelo historiador José Luis Romero e o *Pensamiento Positivista,* dois volumes preparados pelo filósofo Leopoldo Zea. São dois momentos-chave do século XIX, em que toda a América Latina enfrentou um desafio externo e procurou encontrar dentro desse canal a própria e original maneira de avançar, fortalecendo suas estruturas nacionais. A leitura de muitos desses textos, mais no primeiro do que no segundo caso, permite medir a comunicação em que se encontravam os homens, trabalhando simultaneamente para o mesmo fim. Sua reunião, agora, atua como uma lição para gerações presentes, sobre a parcela considerável de problemas comuns que mexicanos e argentinos, venezuelanos e brasileiros estão encarando, às vezes sem saber. Essa linha de volumes que fazem, praticamente, o princípio da integração da cultura latino-americana, não é fácil de realizar. Ainda contando com poucos estudiosos capazes de visões conjuntas, documentadas e envolventes.

Além disso, existem regiões onde a fragmentação atingiu os maiores extremos, devido a condições históricas especialmente sombrias. Esse é o caso da área antilina ou caribenha, que sofreu mais do que outros as taxas imperiais e onde o rosário das ilhas se duplica com outro rosário de línguas e culturas, tornando enormemente difícil a viabilidade de um discurso coerente e globalmente capaz de abranger culturas de língua espanhola, francesa, inglesa ou holandesa, apesar dos esforços que Arciniegas a Knight realizaram em buscar a reunificação histórica.

5. A visão panorâmica da história cultural do continente nesses quase cinco séculos revela um constante confronto de setores sociais carregados de diferentes propostas culturais. Suas lutas, triunfos e derrotas compõem um campo complexo de forças de onde emerge a linha ziguezagueante que está traçando o perfil original da América Latina. Embora com uma concepção binária, mais típica do funcionamento mental do que da variedade de proposições culturais que atuaram objetivamente nas sociedades do continente, esses confrontos foram reduzidos a jogos dicotômicos (crioulo vs. peninsulares, liberais vs. conservadores etc.), a história da cultura americana aparece para nós como um resultado em que a invenção original das novas gerações ou correntes de pensamento é baseada em tradições poderosas e acumulações do passado.

Isso exige o reconhecimento da pluralidade de contribuições que compõem essa cultura original, para a qual o testemunho do passado que a Biblioteca Ayacucho oferece é igualmente plural, buscando dar uma visão equilibrada das propostas conflitantes ideologicamente, artisticamente, educacionalmente. Uma divisão tão grossa quanto a testemunhada pelo século XIX, que exige tanto a presença do *Pensamento Liberal* como a do *Pensamento Conservador*, simultâneos, para completar a riqueza do quadro, ao pensamento utópico e anarquista ou o poderoso conjunto de pensamento positivista. E da mesma forma, no final do século e no início do XX, temos tanto a linha revolucionária que propunham José Martí ou Manuel González Prada, como o tempero dos arielistas, de José Enrique Rodó e Francisco García Calderón, e o comprometimento com a luta social representado por Rafael Barrett. Nenhuma dessas tendências esgotou totalmente sua validade e, em uma ou outra vertente ou transformação, seguem compondo o tecido contraditório das sociedades atuais.

O reconhecimento desse amplo espectro de proposições, que devem ser atendidas e incorporadas à representatividade que tiveram em seu tempo e para o impacto que mantêm na composição cultural latino-americana, não impede a detecção de alguns caminhos centrais, dominantes, do pensamento Latino-Americano, que sustentam sua própria existência e desenvolvimento. Nesse sentido, algumas grandes controvérsias do passado marcaram linhas de tendência básicas da construção cultural latino-americana, girando a maioria delas sobre a situação dos povos autóctones americanos, seus direitos e qualidades, que serviram como uma pedra de toque para afirmar tanto a viabilidade e dignidade de uma cultura própria. As teses opostas de John Ginés de Sepúlveda e Bartolomé de Las Casas no século XVI, como as de De Pauw e Xavier Clavijero no século XVIII, vão constituindo um aspecto duplo: o do canal onde a personalidade americana é afirmada e o daquele em que é negada ou depreciada. É obviamente no primeiro canal que se assume um projeto cultural como é a Biblioteca Ayacucho, que determina o enquadramento geral da coleção: por variadas que sejam as contribuições culturais que o projeto reúna, todas elas se enquadram na afirmação da América Latina, tanto como uma realidade objetiva cultural como em seu caráter de projeção voluntária para o futuro.

Ficam de fora os discursos depreciativos e as tentativas sucessivas dos impérios para submeter sua soberania e seu impulso criativo. Enquanto são incorporados os mais variados discursos intelectuais, que, apesar de suas divergências, coincidem em uma afirmação positiva da cultura latino-americana.

Esses cinco pontos não esgotam as características definidoras da Biblioteca Ayacucho, mas servem para projetar o papel que pretende desempenhar como instrumento de integração cultural latino-americana, tal conforme reivindicado por aqueles considerados em seu decreto de criação.

Eucryphia pinnatifolia Gay

AMÉRICA LATINA: UM POVO EM MARCHA

Durante séculos a Europa depositou na América seus sonhos impossíveis, desde o paraíso terreno que no final do século XV Cristóvão Colombo contemplou navegando ao longo das costas da atual Venezuela até o "bom selvagem" que Jean Jacques Rousseau imaginou no declínio do século XVIII, quando, na realidade, sucediam-se as rebeliões indígenas selvagens que Tupac Amaru liderou. Os trabalhos e frustrações com que a Europa estava construindo o que Fernand Braudel chamou de "vida material" ou a "civilização material" que a economia capitalista propunha encontraram sua contrapartida ilusória longe, nas terras que foram decretadas como "novas", povoadas por seres cujos alegres corpos renascentistas Theodor de Bry desenhou desde 1590 e cujo único defeito era ser dominado pelos espanhóis, em relação sobre os quais os ingleses construiriam parcimoniosamente, a partir do século XVII, a "black legend".

A verdadeira situação dessas sociedades, ponderada com conhecimento e equilíbrio, só seria alcançada por alguns viajantes, à frente da figura do barão Alexander von Humboldt, que as conheceu por volta de 1800 e consagrou seu trabalho monumental a elas.

Essa visão de distância, externa e ilusionista, seria substituída por uma visão de proximidade e internalidade, desde o último terço do século passado, quando se inicia a que Martí designará como a época das "visitas estrangeiras" e que hoje chamamos de era do expansionismo imperial, militar, econômico, político e cultural, com pólos na Europa (especialmente em toda a Inglaterra e França) e nos Estados Unidos. Apesar de suas origens, como argumentou Immanuel Wallerstein persuasivamente, América era uma parte capital da projetada "economia mundial", e somente a partir da década de 1870-1880 que se incorpora francamente o circuito econômico e financeiro que a burguesia da revolução industrial havia instituído, inaugurando assim a era internacionalista, dentro da qual ainda vivemos. Os países, ao contrário dos seres humanos, acostumam-se a nascer várias vezes seguidas, e os países americanos arrancados do domínio da Espanha e de Portugal nasceram novamente naqueles anos em que as potências atlânticas se livraram de seus problemas internos: os Estados Unidos, de sua guerra de sucessão, a França, da comuna revolucionária, a Alemanha, de sua desintegração nacional, podendo agora todos competir com a Inglaterra no pelotão expansionista, o que haveria de exigir o estabelecimento de laços estreitos.

Um novo nascimento, um novo nome. Nessa época, começa a se difundir o uso de uma nova dominação, abarcando a multiplicidade de países descolonizados, que vinha sendo proposta por diversos intelectuais, mas que se cristalizaria quando o grande poder do norte empreendeu seu expansionismo imperial e passou a denominar-se abusivamente Estados Unidos da América, no que pareceu um projeto de dominação continental. Os do sul, os hispânicos e lusitanos, os meridionais, mudaram seu nome para entrar no navio europeu no qual depositaram sua segurança e suas ambições de progresso: começaram a se chamar latino-americanos, habitantes de uma vasta e fragmentada América Latina.

Várias operações seletivas regeram essa nova denominação: antes de tudo, uma oposição, para distinguir-se da chamada América Saxônica, que depois de ter sido o guia admirado nos anos da emancipação e em toda a primeira metade do século XIX (Sarmiento aprende lá o sistema educacional que transferirá com sucesso para a Argentina) tornou-se uma ameaça territorial que foi certificada pelos desembarques nas fracas ilhas Antilhanas, nos países da América Central, na guerra de 1898 contra a Espanha, na qual ocupou Porto Rico e Cuba e no triunfante "Tomei o Panamá" de Theodore Roosevelt em 1903, dividindo essa província da Colômbia para criar um país que lhe concedesse a propriedade das terras onde o canal interoceânico seria construído e solenemente inaugurado em 1924.

Em segundo lugar, uma oposição interna, que torna possível distanciar-se de dois componentes fundamentais das sociedades americanas, os índios e os negros, afirmando contra eles, que eles são considerados obstáculos para o desenvolvimento com o qual os americanos sonham, o pertencimento dos setores líderes e intelectuais às origens brancas e cultas que são afiliadas no Lazio, na Roma antiga. Mas, mais especificamente, eles querem se identificar com o que Walter Benjamin chamou de "capital cultural do mundo" no século XIX: Paris. Foi no início da segunda fase desenvolvimento da América Latina (a primeira tinha sido conhecida na era Bourbon do final do século XVIII; a terceira seria conhecida após a Segunda Guerra Mundial em meados do século XX), que se desenvolveria no contexto do pensamento racista que animava a Europa desde a publicação das teses do Conde de Gobineau (1853-5), passivamente admitido por um núcleo de intelectuais latino-americanos. O mexicano Juan Francisco Bulnes, o argentino Octavio Bunge, o boliviano Alcides Arguedas, parcialmente o venezuelano César Zuneta, e o brasileiro Silvio Romero renderiam-se ao discurso intelectual europeu que liderou a escola pseudo-sociológica de Le Play e Le Bon, reconhecendo a existência de raças inferiores, ou, mais precisamente, inadaptada às exigências do progresso, o que de fato significou os níveis de desempenho e eficiência do trabalho que eram exigidos de um mercado de exportação à serviço das economias metropolitanas, substituindo uma economia de subsistência por uma economia de produção.

A "visita estrangeira" dessa segunda etapa de desenvolvimento, conhecida dentro da América Latina como a modernização, reiterou em um nível mais ácido a polêmica intelectual sobre a região, que já havia se conhecido, ainda que apenas de esboço, em ocasião da primeira etapa desenvolvimentista, que os ministros da coroa de Madri e Lisboa, Conde da Flórida e Marquês de Pombal, respectivamente, promoveram na segunda metade do século XVIII. Nessa primeira etapa, a Europa havia desenhado um discurso crítico bastante depreciativo sobre os americanos, que teve contribuições variadas de Buffon, Raynal, Bacon, De Pauv, Robertson e até Hegel, promovendo sua resposta pelos intelectuais americanos, especialmente os jesuítas após sua expulsão em 1762, com textos que vão de Francisco Xavier Clavijero no México a Juan de Velasco no Equador. A Disputa do Novo Mundo tem sido chamada por seu historiador puro, o título italiano Antonello Gerbi, que poderia ser adaptado aos anos da segunda etapa, como A Disputa da Modernização, com contribuição abundante de uma ciência muito recente chamada sociologia, embora a maioria de seus agentes tenham caído no anonimato: H. de Tournville, Edmond Desmolins, P. de Rousiers, P. de Préville, J. Massart e Vandervelde, P. Bureau etc. O título de um livro de sucesso de Desmolins, que veio para mover latino-americanos, testemunha o clima intelectual que dominou a época: A quoi tient la supériorité des anglosaxons?

Nesse ambiente e muitas vezes operando com os mesmos instrumentos intelectuais colocados em circulação pela Escola Francesa de Ciências Sociais, os intelectuais americanos tiveram que restaurar a confiança em suas próprias sociedades, responder às acusações de que, na maioria dos casos, haviam pecado por informações insuficientes, e redefinir a singularidade dos povos latino-americanos. As suas capacidades e as suas expectativas para um futuro melhor. Apelaram novamente ao pesado fardo deixado pela "herança colonial", como os intelectuais da Emancipação e do Romantismo haviam feito: seus mesmos argumentos ressoam na análise ardorosa à qual José Martí submete o passado sob o princípio "os povos devem ser vistos na raiz", levantando um memorial de queixas, comparando a colonização espanhola com o que em seus olhos parecia mais favorável e promissor, a colonização inglesa dos Estados Unidos.

O mesmo tipo de argumentação, mas que lida com as demarcações em uso na sociologia europeia, encontra-se num livro apaixonado, escrito por um mestre brasileiro, Manoel Bomfim, em 1905: *A América Lantina. Males de Origem*. Emprestando de Massarti Vandervelde suas teses sobre "parasitismo", que por sua vez haviam sido extrapoladas dos estudos de Van Beneden sobre "parasitismo animal", ele interpretou toda a história da colonização como a aplicação voluntária e permanente do parasitismo, primeiro pelas metrópoles e depois pelas classes dominantes no momento da independência, sucções a vida dos povos. Assim explicou a aparente incapacidade de contribuir para o progresso da modernização, situação que seria rapidamente revertida se uma intensa educação popular fosse aplicada, o que implicava manter a confiança nas potencialidades do homem americano.

A solução drástica dessa controvérsia correspondeu ao peruano Manuel González Prada, um dos intelectuais mais bem preparados e mais bem informados da vida intelectual europeia, que propôs cortar absolutamente com o passado para começar do zero: "O velho para o túmulo, os jovens para o trabalho!". O radicalismo dessa proposição foi complementado pelo seu projeto de um novo partido, para o qual nem ele estava preparado nem o meio circundante, de modo que sua pregação estaria ligada às primeiras manifestações do anarquismo na América e à formação doutrinária de artesãos e trabalhadores. Foi Gonzalez Prada que encontrou a melhor resposta ao racismo que permeia o estágio modernizador, em sua lúcida análise dos índios peruanos, para concluir que não era um problema racial, mas um problema social, reagindo contra o paternalismo da sociedade crioula e incitando os índios à rebelião. Para desmantelar o argumento racista dos brancos de Lima que se beneficiavam da exploração dos índios, limitou-se a mostrar-lhes como, por sua vez, eram considerados raças inferiores pelos europeus. De forma rápida e incisiva, Martí já havia resolvido o problema afirmando: "Não há ódio às raças, porque não há raças", e concluindo na "identidade universal do homem".

Diante dos pessimistas e incrédulos, dos fracos e dos derrotistas, a equipe intelectual progressista da época, dentro de suas múltiplas orientações, procurou refutar o discurso europeu que desabonava e, ao mesmo tempo, destacar positivamente algumas condições específicas dos homens americanos. Todo o debate hoje parece ser de pouco valor cientíco, dominado pelo lirismo esteticista e, sobretudo, muito necessitado de fundamentos extraídos da economia, que ainda não haviam chegado às costas americanas. Mesmo questões políticas urgentes, como a expansão imperial dos EUA, não tinham análises persuasivas: sem muita esperança, César Zumeta pediu um plano de armas; José Martí elogiou a unidade dos povos e a demonstração pública de seu decoro para conter as ambições imperiais; Ruben Dário invocou a proteção de Deus; José E. Rodó, no manifesto de uma geração de intelectuais, como seu panfleto Ariel (1900), exaltou o lazer criativo dos latinos em oposição ao utilitarismo dos americanos, sob a invocação de seu professor Renan, que havia proposto aos franceses o espiritismo de Ariel contra o materialismo de Caliban. Na verdade, quase todos esses intelectuais estavam tratando da jeunesse dorée da época, constituído por uma elite de estudantes universitários, profissionais, professores, das classes burguesas, que viviam dentro da "cidade letrada" com pouca ou nenhuma comunicação com o resto da sociedade.

No entanto, passou-se por uma grande transformação, especialmente nas áreas do sul do continente, onde a imigração europeia pobre havia se acumulado, chamada pela crescente atividade econômica. Tanto ela quanto a imigração interna dos campos contribuíram para o desenvolvimento acelerado das cidades, especialmente os portos, com sua febril vida comercial e industrial: em 1875, São Paulo tinha 35.000 habitantes e na virada do século já eram 250.000; quase no mesmo período, Buenos Aires passou de 250.000 para 1.000.000 habitantes e Rubén Dárío exclamou em êxtase: "Cosmopolis!". Uma imensa população da classe trabalhadora, uma classe média baixa crescente, preencheu a lacuna entre as altas finanças e as pessoas simples. Porfirio Diaz, o presidente incessantemente reeleito, em sua entrevista de 1908 com Creelman, confirmou: "O México hoje tem uma classe média, o que não tinha antes. A classe média é, aqui e em outros lugares, o elemento ativo da sociedade." Nesses grupos sociais que começam a fornecer aos seus países os equipamentos intelectuais que o desenvolvimento econômico exigia, emerge o fermento renovador que abrirá uma nova etapa da América Latina.

O impulso desencadeante foi o anarquismo semeado, do Rio de Janeiro a Santiago do Chile, pelos trabalhadores europeus expulsos de seus países. Os utópicos, os libertários, os anarquistas, assumem a longa ilusão europeia sobre a América: este era o continente onde seus sonhos se tornariam reais. Giovanni Rossi deixou Gênova em 1890 com um grupo de sonhadores esperançosos e suas famílias pobres, para fundar a colônia Cecília no estado do Paraná, no Brasil. Mas já antes, desde 1861, Plotino Rhodakanaty foi instalado no México, onde publicaria o livreto socialista e Albert Owen instalaria a colônia Topolobampo no estado de Sinaloa, em 1889.

Por sua vez, aquele que seria o melhor dramaturgo naturalista do continente, o uruguaio Florencio Sánchez, participando em 1897 em uma das muitas guerras civis, percebe a futilidade e crueldade dessas lutas. Em suas posteriores Cartas de um flojo, renuncia ao passado e junta-se aos Centros de Estudos, orgulhosamente chamados internacionais, que os sindicalistas do anarquismo estavam criando para educar a classe trabalhadora. Na mesma época, González Prada, voltando à sua terra natal após sete anos em Paris, aproximou-se do movimento sindical, promoveu revistas de pensamento livre e acabou escrevendo na revista dos trabalhadores Los Parias (1904) seus artigos anti-clericais e anarquistas. No Paraguai é um espanhol altamente educado, Rafael Barret, que escreverá as brilhantes páginas de El dolor paraguayo e Lo que son los yerbales, sobre a exploração de trabalhadores rurais, antes de morrer de tuberculose em 1910. Mas é um mexicano, Ricardo Flores Magón, que atinge uma incidência mais profunda do pensamento libertário, quando o líder agrário Emiliano Zapata tira dele o slogan "Terra e Liberdade". Todos eles renegam aqueles sobre os quais o "progresso" que os grupos privilegiados cantam jubilosamente se baseia, porque junto com estrangeiros eles são participantes de seus benefícios.

A economia americana está reestruturada a serviço das demandas metropolitanas, intensificando sistemas de monocultura, sociedade rigidamente estratificada, abrindo amplas avenidas para empresas estrangeiras, países em desenvolvimento desequilibrados, comprometendo sua soberania sob o peso do investimento externo apoiado por suas metrópoles. Os ciclos de café, açúcar, agave, que passou a ser chamado de "império da banana" na América Central, a produção de lã, carne e cereal no sul temperado, a mineração (de prata, novamente no México; de cobre no Peru e no Chile), geram desenvolvimentos parciais, aproveitados sobretudo pela intermediação comercial sediada nas cidades. Nem trabalhadores explorados nem economias nacionais se beneficiam suficientemente. Quando alguns desses ciclos se fecham, quando a demanda externa cessa ou quando a produção acaba, ela volta para situações iniciais com a adição de algumas ruínas modernas: é o caso da borracha na Amazônia, simbolizado pelo suntuoso teatro de Manaus, abandonado; é o caso do salitre peruano e chileno ou do guano peruano, onde o deserto reina novamente. "O pacto neocolonial", como o historiador Tulio Halperín Donghi o chamou, remodela completamente muitos países, dando-lhes a configuração que ainda possuem até hoje. Uma nova burguesia impetuosa, às vezes aliada ao antigo patriarcado em declínio e outras vezes abrigada sob proteção militar, mas fundamentalmente ligada ao poder econômico estrangeiro, ocupa suntuosamente o centro da cena latino-americana e rejeita nas sombras as crescentes populações de camponeses, mineiros, trabalhadores. Mas o grupo social intermediário que essa modernização gerou, extraindo-a dos artesãos, dos imigrantes, ao velho patriarcado, começa a lutar contra seu próprio espaço: são os setores intermediários que cumprirão sua beligerância de 1910 até a Segunda Guerra Mundial, já atingida pelo acidente de 1929.

REFORMISMO OU REVOLUÇÃO, NACIONALISTA,
URBANA, MODERNIZADOR.

Na saborosa autobiografia do mexicano José Vasconcelos, pode-se acompanhar o processo dos filhos intelectuais de funcionários obscuros ou proprietários de mercearias ou pequenos proprietários de terras que, graças aos estudos universitários e às novas expectativas econômicas, ascendem na pirâmide social. No sul do continente é o slogan do imigrante que com esforço consegue fazer economias: "Meu filho será médico". Essa plêiade está em ação desde a primeira década: 1908 celebra as sessões a Atenas da Juventude Mexicana, de onde figuras maiúsculas como Antonio Cego, Alfonso Rojas ou Pedro Henríquez Ureña saíram; na mesma data acontece o Congresso dos Estudantes de Montevidéu (guiado por um futuro presidente, Baltasar Brum), onde começa uma agitação que explodirá uma década depois na cidade argentina de Córdoba. Esses setores, que adquiriram uma educação cuidadosa e já possuem uma base econômica mínima, serão a vanguarda beligerante de uma renovação, mais política do que social, que deve imprimir seu dinamismo peculiar às primeiras décadas do século.

O modelo cunhado pela burguesia européia do XVIII se repete nos quadros locais, adaptando-se às novas circunstâncias, pois se a liberdade política for novamente pedida em grande estilo também será exigido um nacionalismo íngreme que sirva como contenção da penetração estrangeira, dificultando o poder dos grupos oligárquicos que estão associados a ela e facilitando a ascensão das classes médias.

Em oposição ao internacionalismo do período de modernização, o slogan agora é o nacionalismo, ao qual historiadores, literários, artistas, pensadores e mais ainda os educadores se dobram. Esse nacionalismo, embora impulsionado por setores urbanos médios, adquire uma intensa nuance social, sendo a representação de outros grupos sociais inferiores, que carecem de quem os representem, o que lhes permite reinterpretar a realidade à luz de seus próprios interesses.

Assim, em oposição ao racismo clandestino do período anterior, surgem correntes poderosas, reavaliando os componentes étnicos do que continuou a ser chamado de América Latina. Na costa atlântica, do Rio Bravo ao estuário da Plata, incluindo as ilhas antilleanas de várias línguas e grande parte do Brasil, uma nova visão do negro foi construída em drástica oposição à que foi realizada tanto na Colônia quanto na República independente posterior: artistas, poetas e antropólogos deram origem ao mito negro que já não saiu do continente. Da mesma forma que surgiu uma corrente literária chamada "negrista" (Tallet, Palés Matos, N. Guillén), surgem estudos de folclore e antropologia sobre culturas negras, a partir dos estudos inaugurais de Nina Rodríguez, que terminará em algumas obras importantes: Ainsi parla l'oncle (1928) é a tentativa de Jean Price-Mars de dignificar o folclore haitiano para se opor à difamação da cultura nacional originada pela ocupação norte-americana da ilha; Casa Grande e Senzala (1933), de Gilberto Freyre, estabelece definitivamente o duplo pertencimento da cultura brasileira com os componentes português e africano; Contrapunteo cubano del trabajo y el azúcar coroa em 1940 o longo trabalho de Fernando Ortíz para explicar a nacionalidade cubana à luz da contribuição africana. Essa enorme tarefa é contemporânea do "Renascimento Negro" nos Estados Unidos e a convergência de intelectuais africanos e indianos ocidentais em Paris (Leopold Senghor, Damas, Aimé Césaire) de onde surge a bandeira da "negritude". Do outro lado da América, na longa faixa das cordilheiras, uma tarefa semelhante é cumprida em relação ao índio: é o indigenismo do grupo Amauta-acaudilla, com figuras como Luis Valcárcel, José Carlos Mariátegui, López Albújar e o pintor José Sabogal, que restauram a magnificência da cultura inca, fazendo dos miseráveis índios peruanos seus ascendentes legítimos, embora submetido aos mais vils ultrajes. Esta nova fase histórica do "indigenismo" tem repercussões no México, na obra de Manuel Gamio, e mais tarde de Juan Comas e seu instituto, e irá procriar em várias partes do continente uma literatura de vingança, às vezes meramente social como o Huasipungo de Jorge Icaza, mas outras vezes originalmente em sua penetração cultural como aquela com que José Marías Argued tardiamente contribuiu no Peru, com seu romance Los ríos profundos (1958).

Se o mito negro e o mito indígena dominam esses reavivamentos culturais ardentes, abaixo deles o que ocorrerá é o amadurecimento histórico do "mestiço" que se engaja em sua luta pelo poder. Este personagem, há muito desprezado por setores das culturas americanas, começa a dar o tom da idiossincrasia do continente e abraça com novo orgulho a sua dupla ancestralidade. O já lembrado José Vasconcelos, seguindo nisso a aula inaugural dada no México por Justo Sierra, cantou a admiração por esta mestiçagem em que via, com sua retórica imoderada, a futura "raça cósmica" da humanidade. Por mais enigmático e lírico que sua oração profética possa nos parecer hoje, ela é um marco (por volta de 1925) e revela o quão longe tinha sido viajado desde as meditações não menos fantasiosas de Juan Francisco Bulnes sobre as raças.

O mesmo nacionalismo em andamento nos daria uma investigação persistente da "identidade" latino-americana, não como uma percepção continental global, como havia sido a norma dos modernizadores, mas como revelação da nação, da região, da localidade. A norma é estabelecida pelo mexicano Antonio Caso, ao estabelecer que qualquer elevação em direção ao universal deve ser feita a partir do concreto, no seu caso o México, país ao qual dedicou em 1943 um livro intitulado Apuntamientos de cultura patria. Os livros de antropologia citados exemplificam essa orientação, bem como o título da obra ensaística do argentino Ezequiel Martínez Estrada, Radiografía de la pampa (1933), ou as contribuições de seu compatriota Eduardo Mallea sobre a "Argentina invisível". O nacionalismo torna-se regionalista: em todos os lugares há movimentos literários nativistas, crioulos, entre os quais devem ser colocados tanto a negritude quanto o indigenismo. A oposição que é então projetada, e que os manuais de literatura registrarão, entre "regionalismo" versus "vanguarda" ou "modernismo", é mais de grau do que essência, uma vez que aponta para a maior ou menor incidência da lição de renovação das escolas artísticas europeias, embora todos os movimentos sejam impregnados até certo ponto pela sua própria aspiração nacional. A pintura de Rivera no México, criando a grande escola de muralistas que retrata a história e as vicissitudes do povo, não é menos influenciada pela pintura dos "fauvistas" e cubistas do que a de Lasar Segall, Di Cavalcanti ou Tarsila de Amaral no Brasil, que em vez disso reconstrói o contorno natural dos personagens populares ou mitos estéticos da zona tropical brasileira. Se no Pettorutti argentino o modelo cubista de Picasso é mais visível, não é por isso que são menos "pampeanos" seus "sóis", do que no venezuelano Armando Reverón, que nos dá uma investigação sobre a luz levada à evanescência da qual é difícil rastrear as fontes europeias.

Seria vão buscar a diferença entre regionalistas e vanguarda modernizante em questões em que a estética não diz muito. Em vez disso, responde ao diferente grau de urbanização das culturas a que seus artistas pertencem. Isso é evidente no caso do Brasil. O "movimento modernista", que Mário de Andrade, Manuel Bandeira, Oswald de Andrade lideraram, surgido oficialmente com a Semana de Arte Moderna de 1922, é celebrado na cidade mais dinâmica do país, São Paulo. Do Recife, este movimento foi respondido em 1926, pelo Congresso Regionalista que guiou Gilberto Freyre, José Lins do Rego, Jorge de Lima, engajando-se em um diálogo de culturas dentro da mesma nação. Em alguns países (Venezuela, Colômbia, Peru, Chile) parecerão os regionalistas que guiam as formas artísticas, enquanto em outros, como a Argentina ou mesmo o México após o vendaval revolucionário essa orientação será responsável por "modernistas de vanguarda". Em Cuba, ambas as linhas estão ligadas, como evidenciado pelos escritos da Revista de Avance (1927-30).

Finalmente, vamos reconhecer que esse nacionalismo das três primeiras décadas do século XX tinha características visíveis de elitismo intelectual e também correspondia a setores sociais intermediários, principalmente de origem de cidades menores, arrastados para as capitais ou cidades maiores pela crescente centralização. Eles abraçaram lições culturais europeias (é o mais recente brilho da influência francesa no continente), mas a serviço de seus interesses e visões de mundo. Mais do que a cidade grande, é o subúrbio aumentado pela imigração interna dos campos ou pelo europeu externo que eles refletem, mesmo nos poemas do primeiro Jorge Luis Borges em Buenos Aires. Seu maior desejo é alcançar uma interpretação válida da totalidade nacional, evidenciada pela criação artística mais singular do período: Macunaíma, de Mario de Andrade, que foi o chefe da chamada renovação modernista.

Todos queriam ser "novos" (é assim que o núcleo dos intelectuais colombianos dos anos 20 era chamado) ou eram "estridentes" ou "contemporâneos", pois se designavam como líderes intelectuais da sociedade, como evidenciado pelo nome de "amautas" que os peruanos se davam. A energia progressiva do período é atestada pela incorporação das mulheres à atividade pública de forma plural: exemplo, as três mulheres-poetas do sul, Gabriela Mistral, Alfonsina Storni, Juana de Itarbourou, que simbolizavam as mulheres que se tornaram professoras, médicas ou advogadas e passaram a reivindicar os direitos políticos que até agora haviam sido impedidos e exigiam igualdade salarial com os homens no trabalho. A brasileira Rachel de Queiroz e a peruana Magda Portal já participavam das orientações políticas dos diversos movimentos de esquerda que surgiram no continente.

O núcleo doutrinário da renovação, por volta de 1910, foi fornecido pelo anarquismo e as primeiras formações políticas socialistas, embora essas incorporações, como a mais recente nos anos 20 do comunismo, com a atenção provocaao pela Revolução Russa, fossem agir como fermentos de renovação minoritária, sem serem incorporadas em movimentos de massa. Eram focos de agitação, casas de novas ideias, caldear confusos nos quais se amalgamava o velho e o novo de forma contraditória, resgatando tendências internas tenazes das sociedades (como nacionalismo ou anti-imperialismo) para explicá-los à luz de esquemas simplistas sobre a luta de classes na Europa industrial. Não por isso eram inúteis, pois impregnavam amplos movimentos políticos renovadores, que viam suas forças aumentadas pelo crescimento da classe média urbana, aqueles que desenvolveram princípios da chamada "justiça social", ou seja, um Estado paternalista que tentou regular os desequilíbrios econômicos e sociais através de sua intervenção e que buscava estabelecer sistemas protecionistas para aliviar os efeitos da penetração externa que dependia de oligarquias internas. O Estado como mediador e redistribuidor da riqueza nacional foi o grande projeto democrático, que por sua vez levou à realização de uma parte da economia nacional (bancos, energia, algumas indústrias, transporte etc.), sem ainda atacar o problema da propriedade da terra e das minas, onde estava a maior parte do poder econômico.

A proposta era política e tendia à centralização, fortalecendo os instrumentos estatais, com o apoio dos trabalhadores e setores de mídia das cidades. Assim foi projetado um movimento que alcançou notórios sucessos no sul do continente. A segunda presidência de José Batlle y Ordóñez, no Uruguai, em 1911, trouxe a sua perfeita expressão a nova proposta de renovação, e não é coincidência que antes tenha sido membro de um partido político popular, com sede nos diferentes bairros, a maior parte dos líderes anarquistas da época teve uma participação ativa. Foi realizada uma tentativa de construir o "estado de bem-estar social" através das leis dos trabalhadores (oito horas por dia, proteção de menores e mulheres), por meio de leis sociais (divórcio, direitos da mulher, educação, organização do Estado laico) e expansão do setor social da economia (bancos, indústrias, etc.), que favorecia a aplicação de leis sobre pensões, aposentadorias, serviços hospitalares, etc. É o projeto que o partido radical tenta realizar na Argentina, nas presidências de Irigoyen, e também aquele que permeia algumas conquistas sociais no Chile dos anos 20, alcançadas pelo vigor das demandas sindicais. Na Argentina, o acesso do partido radical ao poder foi facilitado por leis anteriores sobre comícios livres e pela reestruturação do partido em resposta à sua base. Essa era a condição indispensável para um projeto focado na transformação da sociedade através da conquista do poder executivo, o que apenas certificava o extraordinário império que o centralismo continuava a ter no continente.

Foi o mesmo problema que Francisco Madero enfrentou no México. A pré-condição era retirar do poder de Porfirio Díaz, que governou a nação por trinta anos, estabelecendo o princípio de "sem reeleição", que acabaria se impondo e rege até agora o sistema político mexicano. Madero também alardeava o setor das classes médias que só vê na obtenção do poder executivo a possibilidade de seu crescimento, tornando-se porta-vozes dos demais estratos inferiores da sociedade. Seu fracasso, testemunhado em seu assassinato iníquo pelas mãos do general Huerta, abrirá a entrada para a cena revolucionária dos camponeses, que haviam sido marginalizados nas mudanças políticas que ocorreram no sul. Assim, inicia-se uma revolução agrária quase imprevisível nos esquemas anteriores, a qual irá convulsionar não só o México, mas todo o continente. Sua influência foi decisiva nos cantos mais remotos da América Latina e suas vicissitudes foram seguidas com uma atenção como só se repetiria no caso da revolução cubana de 1959. Se as ações românticas de Pancho Villa conquistaram uma publicidade mundial, mais poderosa foi a magnetização nos setores intelectuais pelo movimento liderado por Emiliano Zapata, fixando na distribuição de terras a condição indispensável de mudança social. A frutificação tardia deste projeto sob a presidência de Lázaro Cárdenas, somada à produtividade das terras rurais para abastecer o crescimento dos centros urbanos, estabeleceria as bases da "democracia mexicana", como Pablo González Casanova visualizou ao analisar o desenvolvimento das classes médias rurais.

O mesmo processo foi registrado nas terras vizinhas das cidades da América do Sul, particularmente no Brasil e na Argentina, mas em nenhum dos países, nem mesmo no México, foi destruída a grande propriedade rural, que graças à mecanização obteve melhores rendimentos. A aplicação sistemática de planos de reforma agrária que envolvem extensas distribuições de terras só será implementada a partir dos anos 1930, começando com a que Cárdenas coloca em ação, depois se distribuindo em todos os lugares. Muitas vezes sob formas simbólicas ou meramente propagandísticas, mas com resultados mais visíveis na Bolívia, Venezuela e especialmente no Chile do governo democrata cristão, para alcançar sua forma drástica na Cuba dos anos 1960. A fome por terra, sua reivindicação aberta, surgiu com a revolução mexicana. No período beligerante das classes médias, que vai do início do século até 1930, só abrangeu os grupos radicais dessas classes médias dos outros países latino-americanos sem se estender ao campesino. No caso peruano, incorporou-se na doutrina do indianismo, o princípio da distribuição da terra de várias formas, algumas das quais foram inspiradas pelas antigas comunidades indígenas sobreviventes, do tipo "ayllu". Mas nem no Peru isso colocou as massas camponesas em movimento. Em outras palavras, a excitação promovida pela revolução mexicana infectou os setores intelectuais, mas não se espalhou para estratos sociais mais amplos.

Essa situação serve para explicar que o movimento que alcançou a maior ressonância contagiosa dentro do continente foi a Reforma Universitária de Córdoba de 1918. Sem dúvida, foi encorajado pelo que aconteceu no México, e também pelo sucesso da revolução soviética. Mas era um movimento que vinha se desenvolvendo há mais de uma década e que afetou os filhos de funcionários ou pequenos proprietários, que através da Universidade foram dotados dos instrumentos eficazes para a ascensão social. A insurgência dos jovens universitários buscou, em primeira instância, a modernização da Universidade, a obtenção de níveis mais elevados de desempenho intelectual e substituição das antigas equipes de professores, no que era notória a competição de jovens profissionais contra os mais velhos. Para isso, estabeleceu o princípio da co-participação estudantil na gestão universitária, colocando em ação vários meios de pressão (greves, recusas de professores etc.) que se mostraram eficazes dentro dos claustros.

Mas, mais importante do que essas demandas internas, educacionais e profissionais, foi a concepção da Universidade como palco de ação política em âmbito nacional. A Universidade sempre esteve, na América Latina, no centro de preparação intelectual de políticos e líderes dos diferentes governos. Pode acontecer que seus graduados não ocupem os principais cargos, como no caso da Venezuela, onde era um proprietário de terras analfabeto, Gómes, que detinha o poder, mas neste caso formaram ao seu redor uma elite de ministros ou conselheiros dourados (Vallenilla Lanz serviu como ideólogo para essa função, desenvolvendo a tese do "Cesariano") e, portanto, co-participaram das vantagens do tradicional centralismo latino-americano. No caso da Reforma Universitária de Córdoba, a própria Universidade foi transformada em um centro de atividade política, através da proposta de interferência direta nos assuntos nacionais, uma nova concepção que teria sucesso fulminante e que duraria até nossos dias, liderando diferentes gerações e diversos corpos doutrinários.

Na época, a reforma cordobesa se espalhou para o Uruguai (onde havia se desenvolvido anteriormente), para o Chile, para o Peru (onde não só constituía os grupos de renovação, mas também, através da liderança de Victor Raúl Haya de la Torre, promoveu a aparição de Universidades Populares, designadas com o nome de Manuel Gónzalez Prada, para educar setores proletários) e passou a ter repercussões em Cuba, com a agitação que começou em 1922, gerou o Grupo Minorista de 1923, liderado por Rúben Martínez Villena, e o Primeiro Congresso de Estudantes que anima Julio Antonio Mella a fundar a Universidade Popular José Martí, constituindo o primeiro agrupamento comunista cubano. Nos países onde o movimento argentino não teve influência visível, houve também uma intensa agitação estudantil (Venezuela e Colômbia, por exemplo) dirigida contra governos repressivos ou instituições eclesiais. Todos esses grupos estabeleceram contato com a revolução mexicana, adotando seus programas políticos ou culturais (a influência abrangente do muralismo mexicano), a ponto de ser no México que Haya de la Torre terá que fundar a APRA em 1924.

O programa da APRA, que em breve seria atacado desde as mesmas fileiras insurgentes por aqueles que se juntaram à Terceira Internacional Comunista (Mella em Cuba, Mariátegui no Peru), representa claramente o esforço para combinar propostas socialistas europeias com as características internas da população americana, especialmente as muito retardatárias que distinguiam o Peru, e é provavelmente o que explica que todos os movimentos políticos nascidos nas esferas reformistas da universidade, apenas o aprismo conseguiu se transformar em um partido de massa, juntamente com o que foi gerado pelo triunfo da revolução mexicana, quando o Partido da Revolução Institucionalista foi constituído. No entanto, ele nunca foi capaz de alcançar o poder e só participou dele em combinações espúrias com outras forças, o que o enfraqueceu fortemente.

Junto com o nacionalismo e a "justiça social" buscada sem fórmulas muito precisas, o ponto forte que revela a convergência dessa variedade de movimentos políticos foi o anti-imperialismo. O famoso Congresso Anti-Imperialista em Bruxelas, em 1927, reúne pela última vez todas as orientações, apoiando-as com os mestres do latino-americanismo, Manuel Ugarte e José Vasconcelos, que vieram do liberalismo progressista. A campanha continental pela unidade das terras latino-americanas, realizada pelo argentino Manuel Ugarte nos anos 1910 e 20, foi respaldada pela série de desembarques de "fuzileiros" americanos em Cuba, Haiti, República Dominicana, México, Nicarágua, nas mesmas datas que prolongaram a política do "pau grande", que os Estados Unidos realizaram até Franklin Delano Roosevelt estabelecer na década de 1930 sua chamada "política de boa vizinhança". O anti-imperialismo foi compartilhado pelos mais variados setores de opinião, que vão desde os núcleos radicais e os diferentes agrupamentos esquerdistas, até os setores nacionalistas da direita. E foi precisamente esse ponto de convergência que estabeleceu a ambiguidade de algumas posições anti-imperialistas (que não revelam uma contrapartida progressista em relação aos problemas econômicos ou sociais internos de cada país) e os deslocamentos que ocorrem de um grupo para outro. Não foi apenas Leopoldo Lugones que passou do anarquismo juvenil ao militarismo nacionalista de sua vida adulta, nem serão exceções posteriormente as jornadas que levam de posições militares nacionalistas a uma beligerância anti-imperialista e a busca por um populismo social com várias nuances progressistasm como será depois visto no Brasil.

CRISE: POPULISMO E MILITARISMO.

O colapso de 1929 atingiu ainda mais violentamente a América Latina do que os países europeus, testemunhando a fraqueza de suas economias exportadoras e a fragilidade de suas estruturas políticas e sociais. Em consequência, acontece um recuo geral das formas democráticas de co-participação popular no poder, que vinha se desenvolvendo graças ao crescimento dos setores médios e à difícil tarefa de sindicalização dos trabalhadores. Mas as formas adotadas nas diferentes áreas do continente seriam muito variadas, com especificidade e idiossincrasia peculiar claramente demonstradas nas décadas seguintes. A recuperação econômica será alcançada graças à conjuntura propícia oferecida pela Segunda Guerra Mundial (1939-1945), que permanecerá nas situações conflituosas da Guerra Fria subsequente, até meados dos anos 1950. Este é o período marcado pela tentativa de progressiva industrialização mediante um regime de substituição de importações e um concomitante empobrecimento dos campos, o que trouxe um novo salto na demografia urbana, já que nos enclaves citadinos a imigração rural buscou saídas econômicas nas indústrias e, sobretudo, no alto crescimento do setor terciário das burocracias estatais, e por uma nova rearticulação política da sociedade, que deu origem às atuais conformações partidárias. Este é o período de irrupção dos movimentos populistas, à frente dos quais aparecem os carismáticos senhores da guerra, que ganham o apoio dos enormes setores pobres das cidades e também dos setores agrários indefesos, visivelmente negligenciados no período anterior a 1930. São movimentos que trazem programas de desenvolvimento, oportunidades de trabalho, serviços sociais, educação. Programas que, por mais mal fundamentados que fossem, responderam a uma demanda geral e confusa de populações que continuavam a crescer a uma alta taxa demográfica.

É também um período em que a participação militar aumenta em todas as áreas da vida nacional, embora a serviço de interesses de classe muito diversos. No golpe militar de Uriburu, na Argentina, de 1930, a solução para a crise foi dada através de um recuo das conquistas populares e da restauração do poder da oligarquia desembarcada e dos instrumentos comerciais relacionados. Na ascensão ao poder de Lázaro Cárdenas no México, em 1934, se põe fim à era de Calles, mediante um populismo que extraía sua eficácia da institucionalização dos setores agrários e operários a serviço do desenvolvimento nacional: a distribuição da terra e os instrumentos de proteção social conquistam uma adesão que neutraliza as forças disruptivas até aquele momento em jogo, embora isso tenha sido posteriormente modificado na presidência de Ávila Camacho (1940-46) e especialmente na de Miguel Alemán (1946-52), que, no entanto, manteve o crescimento do estado protetor, graças à conjuntura favorável dos anos de guerra. Foi no Brasil que as diferentes forças sociais foram mais inteligentemente harmonizadas, pois, após a revolução militar, a astúcia política de Getúlio Vargas canalizou o progresso do país entre 1930 e 1945, realizando a centralização do poder em um Estado moderno que buscava a participação popular dentro dos quadros corporativos e, ao mesmo tempo, uma intensa industrialização com critérios nacionalistas e protecionistas.

Pertence a este momento a criação de organizações políticas renovadas, dirigidas por líderes civis de tendências democráticas nos países da bacia antilhana: a chamada Legião do Caribe, que teve representação completa em José Figueres (Costa Rica), Muñoz Marín (Porto Rico) e Rómulo Betancourt (Venezuela). Aproveitando a presidência de Franklin Delano Roosevelt nos Estados Unidos e a situação internacional derivada da guerra mundial, eles procuraram deslocar regimes ditatoriais ou feudais para o passado e traçar uma linha que expandia os setores médios, através de altos investimentos estatais e uma industrialização de seus respectivos países, reservando ao Estado uma participação importante na economia e implementando diferentes políticas de ajuda aos médios produtores rurais. A solução mais bem sucedida foi alcançada pela Costa Rica, prevalecendo sobre sua estrutura social particular de pequenos produtores de café. Em Porto Rico e na Venezuela, a evolução foi mais contraditória, com altos e baixos de vários regimes (a ditadura de Pérez Jiménez na Venezuela) e o desequilíbrio social devido à apropriação do excedente pelas mãos de uma nova burguesia cultivada à sombra do Estado, enquanto vastas populações permaneceram em níveis muito baixos.

No caso de alguns dos grandes estados andinos (Colômbia, Peru, Bolívia) uma situação bem conhecida que o historiador Jorge Basadre definiu como as "oportunidades perdidas" foi reproduzida. Na Colômbia, a ascensão dos liberais entre 1930 e 1946 (sua principal figura era Alfonso López) não conseguiu modificar a estrutura econômica e social estagnada do país, que ainda foi agravada pela ascensão ao poder dos conservadores (Mariano Ospina Pérez, 1946-50) que desencadeou uma sangrenta guerra civil, à qual 300.000 mortes são atribuídas, com episódios culminantes como o "bogotázo" de 1948, como resultado do assassinato do líder liberal Jorge Eliécer Gaitán, e a ditadura de Rojas Pinillas (1953-57), que levou ao sistema de união nacional, onde os dois grandes partidos tradicionais, conservadores e liberais, criaram uma espécie de congelamento da nacionalidade.

Na Bolívia, a união dos grandes proprietários no estado aliados a setores do exército, manipulou o poder, permitiu que o país sangrasse na guerra do Chaco contra o Paraguai (1933-35) e colidiu com um movimento crescente de trabalhadores de minas e do Movimento Revolucionário Nacional, que conseguiu impor as candidaturas de Víctor Paz Estenssoro e Hernán Siles Zuazo. A primeira, com a discreta proteção de Perón, nacionalizou em 1952 as minas de estanho e em 1953 realizou uma profunda reforma agrária, com ampla distribuição de terras que, apesar de seus altos e baixos, rearticula a sociedade boliviana. A instabilidade política do país e a interferência permanente do exército, juntamente com o enorme atraso social e econômico, mediaram muitas das conquistas alcançadas em uma dura luta pelos setores populares.

No Peru, os governos que se sucederam desde o golpe militar de Sánchez Cerro em 1930, permanecem laboriosamente no poder, com diferentes graus de apoio militar, dedicados a tornar impossível a ascensão do aprismo, o partido criado por Haya de la Torre, notoriamente com amplo apoio popular, tendo atingido grandes setores indianos. A notória incapacidade ou corrupção desses governos estancaram o país ao ponto repetidamente trazê-lo à beira do colapso econômico, além de deteriorar as forças de oposição do aprismo. As quarenta famílias impossibilitam outra vez a modernização do país e prolongam sua drástica divisão das classes opostas, com a maioria da população em níveis muito baixos sem sequer alcançar a subsistência.

Se o exército alcança em muitos lugares uma posição de liderança, geralmente apoiando as forças conservadoras, as massas populares também entram em cena de forma franca e até agora não vista, especialmente graças ao arcabouço fornecido pelas estruturas sindicais e partidos populistas. Estamos testemunhando um período de protestos em massa e fortes demandas sociais, que, no entanto, raramente são analisadas dentro dos esquemas da chamada esquerda. A ineficácia, se não a incapacidade de compreender os processos da sociedade, significa que essas esquerdas são reduzidas a grupos mínimos, dedicados a se engajar na luta contra liberais ou populistas e, mais frequentemente, a uma tarefa discursiva e crítica. Desde os anos 1920, os partidos da Terceira Internacional foram incorporados à América Latina, que em vários lugares deslocaram em número as também escassas forças dos partidos socialistas da Segunda Internacional, em nenhum dos casos tenham conquistado espaços mais amplos ou sejam inseridos dentro dos movimentos populares. A luta de Luís Carlos Prestes contra o varguismo no Brasil ilustra bem esse fato, ou ainda mais a oposição frontal que na Argentina leva a esquerda a se juntar à velha oligarquia liberal para combater o peronismo.

Após a experiência de Vargas, foi a de Perón, na Argentina de 1944 a 1955, que melhor representou o populismo da época, capaz de combinar a ascensão social dos estratos inferiores com o apoio de um importante setor do exército. Essa combinação, que mais tarde seria vista com maior clareza ideológica no governo de Velasco Alvarado no Peru (1968-75), beneficia-se dos bons negócios do período da guerra mundial, que permite lançar um plano industrializador e, ao mesmo tempo, desenvolver enormemente o estado de bem-estar social, desenvolver uma política de neutralidade (com tonalidades fascistóides) e se opor aos interesses norte-americanos, aplicando uma ampla política de nacionalização.

Como Vargas, Perón se torna um mito popular, sendo também capaz de reconquistar o poder com amplo apoio dos cidadãos, ainda que também para fracassar. Ambos apelam, nas mesmas circunstâncias, para uma classe trabalhadora enquadrada por uma forte burocracia sindical. Mas se no caso do Brasil houve uma mudança na distribuição do poder econômico, devido à expansão da zona fabril, na Argentina o poder dos latifundiários permanece intocado, o que permite um retorno real a situações anteriores, quando os militares derrubaram Perón em 1955, como havia acontecido quando esses soldados derrubaram o governo Irigoyen em 1930.

Em todas as partes do continente, as massas são protagonistas de eventos históricos, alguns sangrentos: tanto na Bolívia quanto no Brasil; tanto no Chile da efêmera frente popular, como na Argentina de Perón; tanto no México, dentro do quadro institucional cardenista, quanto em Cuba, lutando primeiro contra Machado e depois se organizando contra Batista; tanto na sangrenta guerra civil colombiana quanto nos movimentos políticos venezuelanos. Trata-se de uma nova situação, que não abandonará a vida do continente nas décadas posteriores a 1955, embora tanto em um período quanto em outro as bandeiras tenham sido fornecidas mais frequentemente por um populismo nacionalista e patriótico, de clara marca social, do que por uma doutrinação política e de classe moderna. Assim, os grupos de esquerda devem ser apresentados como um desafio urgente à necessidade de "nacionalizar", o que às vezes levará aos comportamentos mais erráticos e aos sincretismos doutrinários mais confusos. Esse componente "nacional" foi inicialmente desprezado: ele foi determinante na política que Pedro Albizú Campos desenvolveu em Porto Rico, ocupada pelos norte-americanos, antes do Estado Livre Associado introduzido por Muñoz Marín, assim como foi capital no movimento de resistência armada realizado por Augusto César Sandino na Nicarágua contra a ocupação dos norte-americanos e depois contra seu tenente nativo, Somoza. Dado o caráter de ambos os movimentos, o apelo nacionalista foi forçado a abranger o maior número de vontades, reiterando as posições que José Martí havia defendido, quando a formação do partido revolucionário cubano, para alcançar a independência de sua terra natal. É um slogan que reaparecerá em Cuba junto com a batalha de Girón, sob a fórmula categórica: "Pátria ou morte", que é a mesma da Guerra da Emancipação de 1810.

A dose de improvisação percebida em tantos destes movimentos (o peronista é quase paradigmático) foi uma consequência direta dessa emergência para a vida pública de grupos sociais com pouca ou nenhuma atividade do governo anterior. Tanto as bases quanto os líderes tentaram inventar durante o processo, e o fizeram recorrendo aos modelos da época. Isso é muito mais amplo do que se reconhece como a influência que o fascismo italiano e até mesmo o nazismo alemão tiveram sobre os líderes, embora o que eles propunham dificilmente coubesse dentro dos esquemas daqueles países. Na época, eles eram vistos como opositores úteis das metrópoles capitalistas que governavam a vida econômica da América Latina, assim servindo para contrabalançar sua intromissão incapacitante. Isso explica a relutância com que as pressões norte-americanas para se juntar aos Aliados foram bem recebidas. Mas como os países do Eixo foram bloqueados e desde que a França estava ocupada e a Inglaterra se viu em uma situação difícil, havia um vácuo de poder dentro do continente que haveria de ser ocupado pelos Estados Unidos. As limitações que seu expansionismo econômico encontrou na presença combinada da Inglaterra, França e Alemanha na América do Sul haviam desaparecido, iniciando a era do protecionismo norte-americano generalizado, que a constituição da OEA na conferência panamericana em Bogotá (1948) e o subsequente pacto militar do Rio de Janeiro, que forneceram os instrumentos internacionais apropriados.

Um continente que tinha sido moldado pela cultura europeia desde seu nascimento, como é o caso da América Latina até 1880, agora encontrava um novo sistema de valores, vindo dos Estados Unidos, que remodelou as formas ostensivas de vida social. De fato, desde 1930 surgem novas mídias de massa que se espalharam por toda a América Latina, respondendo principalmente a uma inspiração que vem de Nova York. É primeiro a radiotelefonia e quase imediatamente depois o cinema sonoro, que já havia se tornado a principal atração do público latino-americano, acima do teatro. Logo, surge a crescente difusão das revistas infantis, que acompanham a moda cinematográfica dos "desenhos animados", a irrupção das revistas ilustradas e a extensão das cadeias informativas que fornecem jornais e rádios. O processo é concluído pela incorporação da televisão. É uma enorme rede de comunicação que vem se estendendo desde 1930 e que após a guerra, na década de 1950, já cobriu todo o continente, sendo fornecida principalmente por produtores norte-americanos, com pouca ou nenhuma participação de fontes europeias. Uma cultura de massa, como a América Latina não tinha sido capaz de desenvolver internamente, já que permaneceu ligada a grupos elitistas e uma tradicional aristocracia intelectual, invade o continente e chega aos cantos mais distantes de cada país. Se ocasionalmente é capaz de servir como um veículo para formas culturais latino-americanas (a incrível contaminação de ritmos e melodias populares de várias regiões que é então produzida, adicionando bolero ao tango, samba ao joropo, conga à rumba, ranchera a merengue ou ao calypso) impõe fundamentalmente um repertório americano: o jazz se torna propriedade de todos.

ÁNGEL RAMA

A fábrica dos sonhos de Hollywood, como Ehrenburg a chamava, fornece o parnasso de suas "estrelas" para todos os latino-americanos; as "tiras de quadrinhos" com as aventuras do Superman ou as viagens espaciais de Brick Bradford enchem páginas inteiras de jornais; A Disney constrói a imaginação das crianças em qualquer lugar. É a indústria cultural norte-americana que vem implementar um plano monumental de transculturação, movido apenas por interesses comerciais imediatos. É, naturalmente, uma modernização, embora nesse nível espúrio que Edward Sapir repreendeu, ao qual será devida uma progressiva "norte-americanização" dos costumes, aquela que, não por ser superficial e exitosa, deixará de ser menos marcada ou menos transmissora de um corpus ideológico com um selo de origem.

Se os equipamentos intelectuais de 1930 a 1955 não perceberam a mudança que ocorreram e continuaram a trabalhar com sistemas artesanais e concepções elitistas, não deixaram de reconhecer e absorver a parte culta do novo foco de influências: é apenas nesse período que a arte da vanguarda europeia está incorporada, o que já inclui as afinidades norte-americanas, de tal forma que Joyce, Kafka, Rilke, Gide, se unam com Faulkner, Hemingway, Stein, etc. configurando um universo cultural equivalente. Da mesma forma que Jorge Luis Borges não despreza a crítica cinematográfica, nem Juan Rulfo a leitura de Faulkner, nem Juan Carlos Onetti a leitura de John Dos Passos. Serão sem dúvida excepcionais os escritores que se desprenderam deste contorno político-social:: neste período tanto coroam seu trabalho os grandes escritores que surgiram nos anos 1920, como Pablo Neruda, César Vallejo, Miguel Angel Astúrias, Alejo Carpentier, quanto surgem aqueles que nos anos 1940 e 50 continuam a modernização baseada no problema regional, gerenciando o quadro social imediato em Rulfo, em Revueltas, em Arguedas, em Meneses, etc. Existiam linhas mais sociais e outras mais subjetivas, que muitas vezes são combinadas, e aconteceram controvérsias entre o avant la lettre e o imaginativo ou fantástico. Mas a maioria dos escritores ainda responde a uma espécie de frente unida, marcada pelo anti-fascismo e pela atitude progressista (a década rosa dos anos 1930) que teve sua expressão completa no movimento em torno do governo republicano espanhol durante a guerra civil de 1936-39, na qual a grande maioria dos intelectuais participou, de comunistas a liberais. Foi o maior esforço de aproximação, que não se repetiu mais, corroído pela infame equação social-fascista que colocou o stalinismo em movimento e pela rejeição motivada pelo acordo russo-alemão da iminência da guerra mundial.

Ainda mais importante, no processo de modernização em curso, foi a fundação, dentro dos níveis acadêmicos solventes, das novas disciplinas (antropologia, sociologia, economia, psicanálise) que geraram uma mudança substancial nos estudos universitários e no melhor conhecimento da área latino-americana. Já na década de 1940, o argentino Raúl Prebisch, que se tornará, após seus conflitos com o peronismo, o arquiteto da Comissão Econômica para a América Latina das Nações Unidas, começa a realizar o seu trabalho, colocando em funcionamento o aparato dos estudos cepalinos e as propostas desenvolvimentistas que teriam escasso resultado na realidade dos países dependentes do continente. Mesmo assim,

ÁNGEL RAMA

a Comissão criou documentos que preencheram bibliotecas e arquivos. Uma geração de historiadores, economistas, planejadores, sociólogos, educadores, urbanistas, etc., realizará a análise da América Latina, tentando se gerenciar no nível dos estudiosos europeus e norte-americanos. Uma cultura de opinião, generalização imaginativa, ensaio de interpretação livre, deu lugar a uma cultura baseada em dados, precisão da informação, conhecimento minucioso dos processos sociais, da singularidade cultural latino-americana. Nomes como os de José Gaos (que tipifica a esplêndida contribuição dos espanhóis exilados após a queda da República, transferidos para a América, como ele preferiu dizer), Sérgio Buarque da Holanda, José Luis Romero, Edmundo O'Gorman, Daniel Cassio Villegas, entre muitos outros, ilustram esse amadurecimento que estudos e pesquisas adquirem. Não se pode considerar coincidência que seja o momento em que se testemunha o surgimento das grandes editoras que, nos dois principais centros bibliográficos, México e Buenos Aires, abastecem o novo grupo intelectual em desenvolvimento: a Fondo de Cultura Económica (1935) que é orientada para estudos, econômicos primeiro e depois nas múltiplas disciplinas do conhecimento, e Losada (1939), que preferirá o campo da literatura de ficção, acompanhada de uma pluralidade de editoras que encontraram a independência bibliográfica do continente, aproveitando o desaparecimento momentâneo da edição espanhola, como resultado do triunfo franquista.

Em 1955, é outra a face da América Latina, emergindo do turbulento quarto de século desde a crise econômica. Seus problemas não foram resolvidos, mas é de uma forma mais adulta e, ao mesmo tempo, mais soberana que eles são confrontados por suas equipes intelectuais.

OS CAMINHOS DE HOJE.

Os anos 1950 e 1960 estavam entre as grandes expectativas de que, como é de costume em populações altamente imaginativas e expansivas, transbordavam em ilusões igualmente grandes. O progresso econômico da região foi, em termos médios, evidente e sustentado, embora acreditava-se ser mais firme e estável do que realmente era, assim como menos dependente de situações conjunturais (a guerra mundial, as demandas temporárias de certos produtos, a industrialização através de investimentos estrangeiros que se aproveitavam das facilidades fornecidas pelos Estados, a queda dos salários e a absorção de produtos por um pequeno setor) do que a imagem que florescia das teorias desenvolvimentistas (apoiados por teóricos da CEPAL), que via próximo o amadurecimento e a autonomia da região, embora já então em controvérsia aberta com os "estruturalistas", que denunciavam a superficialidade do fenômeno, o crescimento reflexo, setorial e dependente, e a necessidade de modificações na estrutura social e econômica. Uma polêmica que por sua vez reproduziu outra de natureza política, entre uma tendência liberal que se baseava em uma nova burguesia industrial e um setor variado de posições socializantes que, no entanto, não tinham a base popular que invocavam. No entanto, esta continuou a crescer a altas taxas e é neste último período que a América Latina sobe a curva demográfica, que até então a mantinha estagnada, atingindo e superando o número de habitantes dos Estados Unidos. O que trouxe uma nova pressão sobre as estruturas antigas e uma demanda ativa e urgente por aumento da produtividade e distribuição da riqueza. Tal situação operava no âmbito de uma expansão econômica internacional, que viu o rápido crescimento das sociedades ocidentais (com pontos doces no Japão e na Alemanha) e um avanço mais lento, mas também progressivo, das sociedades socialistas, enquanto a descolonização criou uma vasta região de novos países que pareciam repetir as circunstâncias latino-americanas do século XIX após a Independência.

As estatísticas mostrariam que, localizadas no quadro ocidental, as nações latino-americanas estavam em um ritmo que, embora maior do que o dos africanos, eram notoriamente menores do que os países industrializados, distanciando-se cada vez mais dos avançados desta corrida. A redistribuição desigual dentro das fronteiras dos excedentes reproduziu a redistribuição desigual do excedente internacional. Aparentemente, nem um nem outro previu a crise mundial que seria percebida abruptamente em 1974, quando a quádrupla elevação dos preços do petróleo, embora estivesse avançando desde antes, levaria o desenvolvimento ao seu ponto mais baixo em 1980, reproduzindo uma situação que já era conhecida meio século antes.

Mas nos anos 1950 o desenvolvimento econômico parecia prever sociedades estáveis e democráticas, baseadas no cobiçado modelo republicano europeu. De fato, esta foi a década da restauração das condições políticas democráticas em muitos países, apoiada pela linha média desenvolvimentista na qual os setores de proprietários agrários e os comerciais e industriais das cidades concordaram, com variações consideráveis de nuance, permitindo-se o luxo de uma participação política popular, controlada no entanto por extensos sistemas repressivos, policial ou militar. É o que se vê claramente na série de presidentes mexicanos, de Ruiz Cortines a Adolfo López Mateos, que exerceram o papel de administradores e conciliadores, e, no Chile, a reestruturação política do país que levou Alessandri à presidência em 1958, o que já marcava a opção alternativa que correspondia ao agrupamento democrata cristão de Eduardo Frei e à coalizão de esquerda de Salvador Allende, ou, no Brasil, a tentativa de Juscelino Kubitschek de prolongar o populismo, após a morte de Vargas, iluminando o imaginário nacional com a miragem da construção da nova capital, Brasília, que inaugurou em 1960.

A queda de Perón, em 1958, na Argentina, bem como a mudança de governo no Uruguai, em 1958, deixando o poder do partido Colorado-Batllista, que o havia exercido por quase um século, representam a falência do estado de bem-estar social, incapaz de continuar sua tarefa, porque não poderia sustentá-la em um aumento de produtividade que o apoiaria, que só parecia possível através de modificações estruturais que esses movimentos não queriam ou não poderiam realizar. Uma vez que seus substitutos limitaram-se a retornar defensivamente às posições anteriores, privilegiando o setor rural, e seus oponentes se fecharam na mera defesa do estado de bem-estar social, a ruptura produzida nesta década previu o mais grave que ocorreria nos anos 1970, no qual o exército assumiria o poder drasticamente, realizando uma intensa repressão. Por outro lado, no norte do continente houve mudanças em direção à democratização da sociedade, por meio de sistemas de pactos de suas forças econômicas: desde 1953 José Figueres iniciou na Costa Rica um ciclo de estabilidade, o que implica reconhecer uma alternância de poder, uma vez que em 1958 ele entregou a presidência para Mario Echandía. Na Colômbia, a queda de Rojas Pinilla em 1957 foi alcançada através de um pacto político de conservadores e liberais (suas diferenças, diria García Márquez, estavam nas horas que iam à missa aos domingos) que estabeleceu uma União Nacional que governaria por uma década. Mas o descontentamento popular se traduziu no apoio que foi novamente emprestado a Rojas Pinilla e no extremo ceticismo eleitoral da população. O maior sucesso é alcançado na Venezuela, onde Pérez Jiménez é deposto em 1958 e o partido Ação Democrática que Rómulo Betancourt construiu aproveita a circunstância econômica favorável (petróleo) para criar um vasto plano de desenvolvimento industrial, educação e uma tímida reforma agrária. Aqui também, o pactismo opera, como visto na alternância de poder que ocorre uma década depois, ao entregar a presidência ao líder democrata cristão Rafael Caldera.

Essa série de transformações dos anos 1950 termina na revolução cubana, que em 1959 depõe Batista. Exceto que, neste caso, a desconstrução do aparato militar do regime confere a totalidade do poder a Fidel Castro, que implementa as reformas urbanas e agrárias e, em seguida, ataca as bases econômicas da classe oligárquica por bancos nacionalistas, fazendas e propriedades industriais. Os laços estreitos dessa classe com os interesses norte-americanos levam ao conflito com os Estados Unidos, que reitera o que já aconteceu com o México quando a nacionalização do petróleo e com a Bolívia, nacionalizando o estanho, embora em um grau mais acentuado e ao mesmo tempo mais fraco. O amplo apoio que a revolução cubana conquista e a mobilização popular que a acompanha graças às reformas lhe dão maior força, enquanto nos Estados Unidos vive o conflito entre seus interesses geopolíticos e econômicos e a atitude da população: o resultado é Playa Girón, e a ascensão oficial de uma concepção comunista da sociedade por Fidel Castro, Raúl Castro e Ernesto (Che) Guevara. Cuba torna-se o primeiro país socialista da América Latina, o que inflama o entusiasmo de grupos radicais em todo o continente, mas também de vastos setores nacionalistas e anti-imperialistas que não coincidem com suas teses políticas e que continuarão a lhe dar apoio cauteloso (o PRI mexicano), mesmo que não compartilhem a crescente associação de Cuba com a União Soviética ou a sua institucionalização sobre o modelo soviético.

A influência da revolução cubana só pode ser comparada à anteriormente alcançada pela revolução mexicana, exceto que carrega uma beligerância insurrecional por parte de setores médios radicalizados, geralmente provenientes das Universidades, que voltam a cumprir a função que assumiram na Reforma Cordobana de 1918, embora agora tenham aprimorado um voluntarismo individualista que tenta interpretar, mas ao mesmo tempo se desvincula das massas de trabalhadores. O que terá sua teorização no famoso "foquismo", cujo fracasso foi total. Todas as mudanças, em maior ou menor grau revolucionárias, que foram alcançadas mais tarde (Chile, Nicarágua) responderam a uma ampla participação popular que se aproveitou das condições do momento, enquanto os focos de guerrilha foram devastados, com a perda irreparável de uma geração altamente dotada, que povoou o continente com heróis e mártires. Seu impulso foi derivado do "castrismo", uma aglutinação heterogênea de origens muito diversas (nacionalistas, cristãos, socialistas) que, no entanto, não conquistaram os partidos comunistas, exceto no caso, momentâneo, da Venezuela, ainda que, neste exemplo, seus líderes saíram após de ver derrota a proposta para a constituição de um partido socialista de amplo espectro, baseado nos setores intermediários, que foi teorizado por um de seus líderes lúcidos, Theodore Petkoff. No entanto, o "castrismo" representou a maior tentativa de reorientação política dos membros das enormes coletividades populistas, que tinham sido tão esquivas para a propaganda da esquerda, e que coincidiu com essa nova doutrina para seu lado nacional, anti-imperialista e em defesa dos benefícios concretos para os trabalhadores. A estreita associação com o comunismo de 1968 (ocupação da Tchecoslováquia pela União Soviética e seus aliados) tornou impossível o desenvolvimento autônomo como uma nova corrente política no continente.

Contra ela militou a Aliança para o Progresso (1962), cujo fracasso também enterrou as expectativas "desenvolvimentistas". A reconstituição do aparato repressivo dos Estados latino-americanos, graças aos eficientes escritórios dos Estados Unidos, mas ainda mais à crise econômica que começou a minar as conquistas obtidas pelos trabalhadores e pelos setores médios, exceto em países que circunstancialmente gozavam de bons rendimentos (Venezuela), no que parecia ser um prenúncio das crises que atingiriam os estados centrais industrializados. Na verdade, uma tradução preventiva dessa crise da periferia do sistema foi levada a cabo pelas metrópoles, atrasando assim seus efeitos perniciosos. Algumas das conquistas sociais nos anos 1960 e 70 serviram para rearticular as economias latino-americanas e modernizá-las dentro de concepções nacionais e populares: a reforma agrária colocada em prática no Chile por Eduardo Frei e continuada pelo governo de Salvador Allende, a reforma agrária e a coparticipação industrial que foi parcialmente cumprida no Peru pelo governo de Velasco Alvarado a partir de 1968; a luta efetiva de Omar Torrijos no Panamá para recuperar a propriedade do canal e compartilhar seus lucros; até mesmo o plano de aceleração da industrialização que João Goulart promoveu no Brasil e que mesmo após sua deposição em 1964 se conservou em linhas gerais pelos governos militares, embora levando a um monstruoso endividamento do país. Foram essas medidas protecionistas que de várias formas que buscaram expandir o mercado nacional, proteger sua produção e redistribuir a renda por meio da intervenção estatal, o que implicava prolongar e fortalecer o centralismo estatal característico do continente. Certamente trouxeram evidentes benefícios, mesmo que a concorrência internacional e a desproporção de forças no cenário mundial diminuíssem consideravelmente essas vantagens. A América Latina estava tardiamente pagando os danos de sua extrema fragmentação localista no período da independência, em 1810. Com exceção das grandes concentrações (Brasil, México, em menor escala Argentina) os outros países enfrentavam não apenas seus velhos problemas internos, agravados pelo crescimento populacional, mas os novos do atual sistema econômico mundial. Os mercados comuns que floresceram desde os anos 1950: o ALALC, o Pacto Andino, o Mercado Comum Da América Central, o caríbenho, todos foram tentativas de responder à nova situação, embora com pouco sucesso.

Nesse período, foi desenvolvido um conjunto de explicações que demonstraram o esforço de compreender a nova situação e a busca de soluções. Na economia, como na política, cresceu o interesse pela "teoria da dependência", cujos princípios orientadores efetivamente sublinharam a circunstância subjugada em que as economias latino-americanas se desenvolveram, embora ao mesmo tempo fortalecessem o ilusionismo do "tudo ou nada" e parecessem referir exclusivamente ao agente externo a responsabilidade por toda a culpa, em uma nova investigação da própria inocência. No entanto, essas teorias serviram para minar os ditames desenvolvimentistas e buscar uma visão global dos problemas. O discurso de Allende na reunião da UNCTAD em Santiago, Chile, em 1972, aproveita os dados acumulados pela própria CEPAL para situar as consequências do intercâmbio desigual. O grande capitão da CEPAL, Raúl Prebish, uma vez que deixou a organização, se filiou à concepção macroestrutural de uma "economia mundial" para melhorar a situação desvantajosa em que a periferia do capitalismo se encontrava, examinando o crescimento desigual de ambas as áreas. Isso contribuiu para fortalecer o argumento dos partidários do diálogo Norte-Sul, que propuseram aos países latino-americanos de maior crescimento (Brasil, México, Venezuela) a obtenção da colaboração da social-democracia europeia na busca de uma nova ordem econômica mundial. Esse caminho já havia sido percorrido pelo Mercado Comum Europeu quando o estabelecimento dos acordos de Lomé e lentamente tendia a se estender para a América Latina. De fato, registrou o crescimento dos investimentos e comércio europeus e japoneses não só com a Europa (especialmente a Alemanha) e o Japão, mas também nos países da COMECON, que igualmente reduziram o vínculo econômico da América Latina com os Estados Unidos. Enquanto em 1960 45% das exportações e importações da América Latina foram feitas com os Estados Unidos, em 1975, "menos de um terço das exportações totais latino-americanas foram para os Estados Unidos e apenas um quarto de suas importações vieram dessa fonte" (Abraham Lowenthal). A Europa reapareceu como um pólo de influência que introduziu um certo equilíbrio em relação ao pólo norte-americano, o que até se traduziu no campo político, nos casos da Nicarágua e de El Salvador.

Ainda mais importante do que essa nova bipolaridade acabou sendo a nova força econômica adquirida por alguns países latino-americanos (Brasil, apesar de toda a fragilidade do sistema, e do México e Venezuela, graças ao petróleo) constituindo um novo elemento regulatório que pesou em algumas situações transcendentais: a democratização da República Dominicana, a recuperação do Canal do Panamá pelo governo torrijos, o triunfo da revolução sandinista na Nicarágua. A oposição latino-americana unânime na OEA ao envio à Nicarágua de um exército multilateral proposto pelos Estados Unidos, parecia marcar uma distância sensível com o que aconteceu em 1965, quando os "fuzileiros" desembarcaram na República Dominicana, bloqueando o movimento revolucionário liderado por Juan Bosch. Modificações, claro, precárias, com pouco apoio, com pés de barro, diriam. Na reunião realizada pela CEPAL em La Paz, Bolívia, em 1979, o relatório da Secretaria teve o prazer de destacar o aumento estimado do produto interno bruto da região, mas ao mesmo tempo registrou um sintoma ameaçador: a flagrante desigualdade na redistribuição social da renda de cada país.

A crise econômica atingiu duramente os países com a estrutura mais estável e avançada: Argentina, Uruguai, Chile. países nos quais um índice educacional desenvolvido também havia fornecido equipamentos intelectuais muito eficazes e modernizados, que vinham propondo enormes modificações estruturais para preservar e aumentar o progresso que os distinguia na era liberal. A divisão do corpo social tornou-se mais profunda, não possibilitando a utilização de soluções pactistas e intermediárias, como foram aplicadas na parte norte do continente. O Cone Sul testemunhou uma batalha que foi disputada nos campos político e militar, alternativamente, para dar um salto qualitativo. Seu fracasso em 1973 e 1976 levou os militares ao poder a serviço de políticas conservadoras, embora em cada um dos países a nova organização tenha se adaptado às linhas e tendências que caracterizavam a evolução nacional. A luta foi frontal e a repressão, implacável. O fracasso da tentativa de renovação foi seguido pelo fracasso dos militares (as políticas retrógradas e defensivas promovidas pelas oligarquias locais) em enfrentar a crise e encontrar soluções positivas que beneficiassem a nacionalidade. O resultado foi, portanto, estagnação, bem perigoso em um período de crise generalizada. Mais sútil e mais possuído de um sentimento nacional inteligente foi, em vez disso, a conduta dos militares no Brasil, sob cujo mandato desde 1964 as tendências que haviam sido projetadas desde o período Vargas foram continuadas, como a existência de um forte setor da economia estatal.

O debate atual na América Latina não deixou classe, grupo, área, cultura, disciplina desmobilizados. É preciso reconhecer que houve uma esplêndida demonstração de criatividade intelectual e vitalidade inventiva. A própria Igreja, que se imaginava um poder conservador, foi surpreendida pelos novos ventos: em sua declaração de Medellín (1968), os bispos reconheceram a necessidade de justiça social, sob o impulso que desencadeou a chamada "Teologia da Libertação" e, embora em Puebla, uma década depois, eles temperassem o princípio da coparticipação eclesiástica na vida social, o próprio papa João Paulo II reconheceu, em sua visita ao Brasil, que para a própria sobrevivência da mensagem evangélica era necessária uma sociedade justa, sem as desigualdades atrozes que testemunhou em sua jornada. O mesmo pode ser dito, e ainda mais amplamente, das igrejas evangélicas reformadas, que viram o número de fiéis aumentar.

Escritores, artistas e estudiosos tiveram uma contribuição notável, demonstrando que estavam preocupados com as sociedades às quais pertenciam e, em um grau como nunca antes visto, desenvolveram uma consciência regional, onde os múltiplos exílios contribuíram para doar um conhecimento mais fundado das características das diversas regiões. O latino-americanismo era uma vocação, às vezes meramente retórica, de grupos intelectuais ou líderes políticos isolados. Agora tornou-se um slogan popular: os homens que viveram do Rio Grande ao Estreito de Magalhães, sentiam-se e alegremente se chamavam "latino-americanos", embora sem dar a este papel timbrado o significado restrito anterior, como provado pela renovação indigenista e pelo pleno reconhecimento da africanidade de muitas culturas internas. Países que mantiveram uma atitude distante em relação à região (Brasil, também México) promoveram uma aproximação militante: seus governadores visitaram os outros países, propuseram acordos, buscaram entendimentos (bons ou ruins) e os cidadãos tinham mais informações sobre esse conglomerado protoplasmático designado América Latina. A pequena ilha de Cuba, bloqueada, contribuiu de forma confiável para este projeto de intercomunicação. O México recebeu um forte contingente intelectual da América do Sul, como nunca antes. Venezuela também. O sonho de Hostos, da imigração interna para o continente, se tornou realidade, mesmo que suas motivações fossem dramáticas, desde perseguição política até emigração econômica em busca de novos horizontes.

A produção literária e artística atingiu um espetacular florescimento e países estrangeiros, que de repente receberam todo um conjunto de obras acumuladas ao longo de várias gerações de escritores que ainda não mereciam tradução ou divulgação, ficaram surpresos com a variedade, modernidade e originalidade dessas criações. As duas linhas que alcançaram maior destaque, por razões derivadas dos mecanismos de um mercado internacional, foram o romance e a pintura. Os museus dos países desenvolvidos começaram a pensar que não tinham uma amostra completa se não tivessem obras de Rivera, Orozco, Torres García, Lan, Matta, Segall, Di Cavalcanti, Tarsila, Botero, Soto, Cuevas, Bonevardi, Herazo, Amaral, etc. Da mesma forma, as editoras adquiriram obras de Neruda, Borges, Carpentier, Lezama Lima, García Márquez, Paz, Fuentes, Onetti, Cortázar, Vargas Llosa, Guimarães Rosa, Lispector, Puig, Arguedas, Cardenal, em uma fluência de nomes de ontem e hoje que parece parte de um tesouro inesgotável. Mais do que uma nova descoberta, tem sido uma reunião, com todos os seus mal-entendidos e dificuldades. A própria América Latina fez essa reunião consigo mesma, obedecendo ao conselho de Martí:: "o dever urgente da nossa América é ensinar-se como ela é, uma em alma e tentativa, vencedora rápida de um passado sufocante, manchada apenas com o sangue de fertilizante que rasga às mãos a luta com as ruínas e as veias que nossos proprietários nos deixaram abertas". É um povo em movimento, um povo forte, imaginativo, arrojado, confiante, que se junta à sociedade planetária para participar do esforço comum da humanidade.

SOBRE O AUTOR

Ángel Rama nasceu em Montevidéu em 26 de abril de 1926. Seus pais foram imigrantes camponeses galegos que chegaram ao pujante Uruguai de início do século. Eles tiveram quatro filhos: o segundo foi Ángel, que cresceu e foi educado na cidade às bordas do Rio da Prata.

Rama estudou em escolas públicas e, desde cedo, mostrou interesses artísticos e literários. Em 1942, publicou seu primeiro texto na *Apex*, uma revista para jovens sobre artes. Nesta época, estudou teatro e participou de vários projetos dramáticos. Por volta de 1945, ele começou a trabalhar como tradutor para a Agência France-Presse e como editor na seção cultural do jornal *El País*. Dois anos depois, ele começou seus estudos na Faculdade de Ciências e Humanidades. Em 1949, ele entrou para a Biblioteca Nacional como colaborador.

Em 1959, tornou-se diretor das páginas literárias do semanário *Marcha*, através do qual investigou e interveio na cena literária uruguaia e latino-americana. Em 1961, ele viaja para Havana pela primeira vez, convidado pela Casa de las Américas, instituição com a qual ele esteve fortemente ligado desde então. Em 1962, ele fundou a editora Arca. Em 1966, tornou-se professor de Literatura Hispano-Americana na Universidad de la República. Lecionou em Santiago, Valparaíso, Rosário, Buenos Aires, Bogotá, Caracas, México e San Juan de Porto Rico, para onde se mudou em 1970. No ano seguinte, ele foi obrigado a deixar o país: seu visto é negado por causa de seu envolvimento com os movimentos de independência de porto-riquenhos.

Em 1972, chegou a Caracas, onde trabalhou como professor universitário na Universidad Central de Venezuela. Em 1973, o golpe de Estado no Uruguai dificultou seu retorno e transformou sua estadia no exterior em um longo exílio. No ano seguinte, ele participou da fundação da *Biblioteca Ayacucho,* o grande projeto editorial latino-americano que Rama imagina, projeta e dirige junto com José Ramón Medina. Em Caracas, ele escreve para jornais de grande circulação e funda a revista acadêmica Escritura.

Por volta de 1979, começou a lecionar nos Estados Unidos, onde finalmente se estabeleceu e realizou vários projetos de pesquisa. Em 1982, o Serviço de Imigração recusou-se a renovar seu visto. Rama apelou sem sucesso e foi forçado a deixar o país no ano seguinte. De lá, se mudou para Paris, onde continua sua pesquisa sobre a cultura latino-americana, mantendo-se em contato com seus pares da diáspora.

Em novembro de 1983, faleceu em um acidente de avião em Madri. Rama estava prestes a atravessar o Oceano Atlântico, mais uma vez, para participar de um encontro sobre cultura latino-americana em Bogotá, Colômbia.

SOBRE AS ILUSTRAÇÕES

Capa e ilustrações de miolo: Gay, Claude (1854). Atlas da história física e política do Chile. Paris: Imprenta de E. Thunot, [2 volumes de placas de cor], Colección Biblioteca Nacional de Chile. Disponível em: www.memoriachilena.gob.cl.

O naturalista e historiador Claude Gay Mouret (Draguignan, França, 1800-Deffens, 1873, França) chegou às Américas em 1829 para lecionar no Chile, encorajado por alguns dos seus professores, especialmente o médico e aventureiro Pedro Chapuis. Começou a ensinar física e história natural no Colégio Santiago da capital e, ao mesmo tempo, dedicou-se ao reconhecimento do novo território. Pouco depois, assinou um contrato com o governo chileno para empreender uma viagem científica de três anos e meio pelo país com o objetivo de pesquisar seus recursos naturais e elaborar um registro para o Estado.

Gay começou a sua viagem pelas regiões do Atacama e Colchagua, passando mais tarde a trabalhar no arquipélago de Juan

Fernández, na ilha de Chiloé e na zona central, período em que recolheu importantes materiais e registou valiosas informações. Em 1839, o ministro da Educação lhe encomendou uma história política do Chile, obra que foi reconhecida e pela qual, em 1841, lhe foi concedida a nacionalidade chilena por graça.

De regresso a França, em 1844, Claude Gay passou a divulgar os resultados da sua investigação numa vasta coleção intitulada *História Física e Política do Chile*, organizada em oito volumes dedicados à história, oito à botânica, oito à zoologia, dois à agricultura, dois a documentos históricos e, por fim, um atlas, no qual são registradas imagens de povos indígenas, paisagens, personagens populares e espécies botânicas anteriormente desconhecidas.

SOBRE O ORGANIZADOR

Facundo Gómez nasceu em San Fernando, Província de Buenos Aires, em 1985.

Estudou Literatura na Universidade de Buenos Aires. Completou a licenciatura e o bacharelado por volta de 2012. Na mesma universidade, continuou seus estudos de doutorado. Durante vários anos ele desenvolveu uma importante pesquisa sobre a obra de Ángel Rama, financiado por uma bolsa do Conselho Nacional de Pesquisa Científica e Técnica (CONICET, Argentina). Em 2020 ele defendeu com sucesso sua tese, intitulada *Por una crítica latinoamericana: la praxis intelectual de Ángel Rama*, que permanece inédita.

A crítica literária latino-americana e a literatura contemporânea argentina e latino-americana são suas atuais áreas de interesse. Ele apresentou suas hipóteses sobre estas matérias em diferentes publicações acadêmicas, tais como *Revista de Crítica Literaria Latinoamericana, Catedral Tomada, A Contracorriente, Linguagem & Ensino*, entre outras.

Atualmente leciona literatura em escolas secundárias e teoria literária em institutos de formação de professores da Província de Buenos Aires.

Azougue Press

coordenação geral Sergio Cohn

coordenação editorial

Sergio Cohn — Darien Lamen — Cristián Jiménez Plaza

Brasil | CNPJ 12.272.339/0001-26

Portugal | NF 515805394

USA | E. Id. 803650511

Chile | tucán ediciones RUT 77.369.106-1